目次

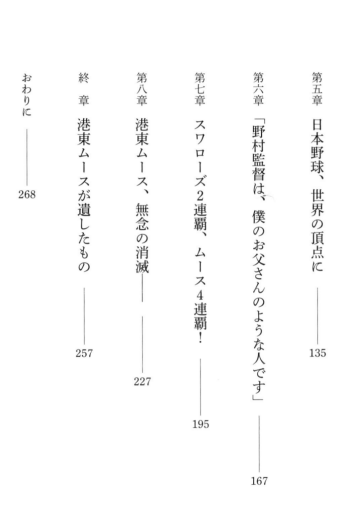

序章

飾られなかったユニフォーム

異彩を放っていた「真紅のユニフォーム」

２０２１（令和３）年12月11日、土曜日の午前中にもかかわらず、晴天の神宮球場には多くの野球関係者が集っていた。その前年の２月11日に84歳で天に召された偉大なる野球人のために、みなそれぞれに追悼の意を表すべく、神妙な面持ちで駆けつけたのだった。

野《の》村《むら》克也《かつや》をしのぶ会——。

新型コロナウイルス禍により、当初の予定から大幅に遅れての開催となった。

かつて、氏が在籍した東京ヤクルトスワローズ、東北楽天ゴールデンイーグルス、阪神タイガース、福岡ソフトバンクホークス、埼玉西武ライオンズ、そして千葉ロッテマリーンズの六球団が共同発起人となり、厳粛な雰囲気の中で会は執り行われた。

参列者はそうそうたる顔ぶれだった。

当時の現役監督では、この直前に日本一に輝いたばかりのヤクルト・髙津《たかつ》臣吾《しんご》を筆頭に、巨人・原《はら》辰徳《たつのり》、阪神・矢《や》野《の》燿大《あきひろ》、横浜・三《み》浦《うら》大輔《だいすけ》、楽天・石《いし》井《い》一久《かずひさ》、西武・辻《つじ》発彦《はつひこ》、ロッテ・井《い》口《ぐち》資仁《ただひと》、侍ジャパン・栗山《くりやま》英樹《ひでき》、そして「ＢＩＧＢＯＳＳ」で注目の的となっていた日本ハム・新庄《しんじょう》剛志《つよし》が献花した。

さらに、選手として、監督として、野村氏と同時代を戦った江夏豊《えなつゆたか》、福本豊《ふくもとゆたか》、田淵幸一《たぶちこういち》、若松勉《まつつとむ》、山本浩二《やまもとこうじ》、江本孟紀《えもとたけのり》、高田繁《たかだしげる》、中畑清《なかはたきよし》、古田敦也《ふるたあつや》、谷繁元信《たにしげもとのぶ》、宮本慎也《みやもとしんや》……。右を向いても、左を見ても、日本を代表する往年の名選手が一堂に会していた。

ホームベース付近に設置された祭壇には、生前在籍した各球団のユニフォーム姿の野村氏の写真パネルとユニフォームが飾られている。

展示されているユニフォームは全部で七種類。

中央の位牌《いはい》から、向かって右手には選手時代に袖《そで》を通した西武、ロッテオリオンズ、南海ホークスの帽子とユニフォームが飾られ、左手には監督を務めた四球団が並んでいる。

多くの人にとって、ヤクルト、阪神、楽天のユニフォームは見慣れたものだろう。しかし、もう一つの真紅のユニフォームはなじみのない人もいたかもしれない。

真っ赤な生地の胸には銀色のアルファベット「ＳＨＩＤＡＸ」と染め抜かれている。

金網にもたれかかっている野村の写真は帽子も含めて、全身赤一色だ。

このユニフォームこそ、２００２（平成14）年から05年にかけて、野村が指揮を執った社会人チーム・シダックスのものだった。

ヤクルト監督退任後すぐに、三顧の礼をもって同じセ・リーグのチームである阪神の監督に迎えられた。しかし、栄光のヤクルト時代とは一転して、99〜01年にかけての3年間では三度の最下位を経験した。

それでも、翌02年の留任発表がなされていたものの、沙知代《さちよ》夫人が脱税容疑で東京地検特捜部に逮捕された01年12月6日未明、志半ばでの辞任を余儀なくされることとなった。

この瞬間、NPBにおける野村の居場所は失われてしまった。

しかし、そんな失意の野村に手を差し伸べたのが、旧知の仲であるシダックス・志太勤《しだつとむ》だった。シダックスの創業者にして、自らも静岡・韮山《にらやま》高校で白球を追いかけていた志太と野村は、沙知代を通じて面識を得ていた。

日本リトルシニア野球協会の副理事長として、少年野球の普及、発展に寄与していた志太はシニアチームのオーナーであった沙知代と出会う。

このときからずっと、志太と野村夫妻の親密な交流は続いた。

91年には、自ら興した会社に軟式野球部を創設。さらに2年後には硬式野球部とし、ここに正式に、社会人チーム「シダックス」が誕生する。

新興チームの宿命で、当初はなかなか有望選手を獲得することができなかった。それでも、創部2年目にはキューバから三人の選手を獲得し、いきなり都市対抗野球大会への出場を決めた。その後も、着々とチーム整備は続き、「赤い旋風」とともに、社会人野球の世界に「シダックス」ブランドを確立していくことになる。

しかし、01年、02年とチームは低迷していた。東京ドームで開催される都市対抗野球大会への出場はかなわず、日本選手権でも予選敗退。社員の士気高揚もままならず、株主たちからは厳しい批判も浴び、経費だけがかさみ続けていた。

02年10月、志太は野村夫妻との会食の際に、「もう野球チームを辞めようかと思うんだ……」と切り出したという。このときのことを志太が振り返る。

「毎年シーズンオフに、野村さんとサッチーと、僕と僕の家内の四人で食事をしていました。あるとき、2年続けて東京ドームに出られない年があったんです。このとき、僕は野村さんに〝もう、2年もこんな状態が続いているので辞めようと思う〟と話しました。ただ、同時に〝あなたが（監督を）やってくれれば続けるんだけども……〟という話をしたんです。野村さんはすぐには返事はしなかったのだけど、隣にいたサッチーが〝志太さんがせっかく言ってくれるんだから、アナタやりなさいよ！〟って言って、その場で電話してコーチ人事まで進めちゃった。結局、サッチーの命令で決まったんです（笑）」

急転直下の監督就任劇ではあったが、こうした経緯で野村は再びグラウンドに帰ってきた。そして、シダックスでの3年間、彼の身を包んでいたのが祭壇に飾られていた真紅のユニフォームだったのである。

野村克也の「名将前夜」

冬晴れの晴天の下、しのぶ会はつつがなく終了した。

参列者たちは、微笑む野村の待つ祭壇へ献花するべく行列をなしていた。列が進むのを待つ間、「ある集団」がセカンドベース付近に集まっていた。

「おぉ、久しぶりだな、元気だったか？」

「ちょっと太ったんじゃないのか？」

男たちは口々に久しぶりの再会を喜んでいるようだった。一見すると、普通の中年男性たちばかりだったが、その中にひときわ大柄な男性がいた。

G.G.佐藤《さとう》だ――。

現役時代には西武やロッテで活躍して、08年の北京《ペキン》オリンピックでは日本代表選手にも選ばれた。現役を引退して7年が経過していた。さすがに往時のような筋骨隆々の佇《たたず》まいではなかったものの、それでも一般の人々の中に入ればひと回り大きかった。

一見すると、男たちはみな40代くらいのようだった。献花に並ぶ参列者たちと離れて、神宮球場バックスクリーンを背景に集合写真を撮影している。

実は、旧交を温めていたこの集団もまた、野村克也の教え子たちであった。名だたる「有名野球人」のように、決して新聞記者からコメントを求められることもなく、「一般参列者」のような佇まいではあったものの、彼らもかつて野村の薫陶を受けた野球選手たちだった。

さかのぼること、三十数年前――。

当時、中学生だった彼らは「青いユニフォーム」を着て、野村の下で懸命にプレーしていた。そして、日本一に輝き、ある者は日本代表選手として海外での戦いに奮闘し、またある者は強豪校に進学し、甲子園で活躍もした。

中学時代の彼らが在籍したチーム。その名を「港東《みなとひがし》ムース」という。

「ムース」とは野村の愛称であり、ロッキー山脈に生息するヘラジカのことである。日米野球で来日した際に、「メジャーリーグ最高のコンプリート・プレーヤー」と称されたウィリー・メイズが「ノムラはのそっとしているがいろいろな動きによく反応している」という理由から名づけたと言われている。ムースの選手たちが大会時に着用したのは、厳しいレギュラー争いを勝ち抜いた者だけに与えられる「青いユニフォーム」だった。

偉大なる野球人・野村克也をしのぶ会には、彼にまつわるさまざまなチームのユニフォームが飾られていた。しかし、この中年男性たちが所属したチームの青いユニフォームは会場には飾られていなかった。

いや、そもそもそのチームの存在を知る者が、この日どれくらいいたのだろう？

しかし、それも無理もないことかもしれない。

27年にわたる現役生活を終え、野球評論家として在野にあった昭和末期、当時50代だった野村が率いたアマチュア、しかも中学生のチームである。令和の時代において、今ではすでに存在しない港東ムースのことを知る者は当然、少ないだろう。


それにしても、ヤクルトの監督に就任する直前の野村が、1年8カ月にわたって率いた港東ムースは実に興味深いチームである。

90年代、ヤクルトの監督だった野村は、「データ重視」を意味する「ＩＤ（Ｉｍｐｏｒｔ・Ｄａｔａ）野球」で一世を風靡《ふうび》した。しかし、その直前である80年代終盤、野村はすでに中学生たちに「ＩＤ野球」の原型と呼ぶべき革新的な戦術を伝授し、チーム創設わずかにして見事に全国制覇に導いているのである。

祭壇に飾られている「赤いユニフォーム」が、クリムゾンレッドの楽天のものではなく、シダックスのものであったように、かつて野村が身にまとった「青いユニフォーム」は、必ずしもヤクルトのものだけではない。港東ムースのものでもあるのだ。

ヤクルトに黄金時代をもたらし、「名将」の名をほしいままにした野村克也にとって、ムース時代はまさに「名将前夜」と呼ぶにふさわしい時代である。

この日、しのぶ会に集まり、集合写真を撮影していた中年男性たちは、Ｇ．Ｇ．佐藤も含めて、みな中学生の頃に野村と関わりのあった者たちだ。

野村は中学球児に何を教えたのか？

どのように野球の奥深さを説いたのか？

その教えは彼らの中にどのように息づいているのか？

＊

本書は、「野村克也をしのぶ会」において、「飾られなかったユニフォーム」にまつわる物語であり、その目的は知られざる「名将前夜」の野村を描くことにある。

主人公となるのは、大手鉄道会社に勤務する「ある鉄道マン」である。

しのぶ会で、昔の仲間たちと一枚の写真に収まる黒縁メガネをかけたこの人物は、かつて、野村克也を嗚咽《おえつ》させた男であり、古田敦也よりも先に「ＩＤ野球」を伝授された男である。野村のことを「本当のお父さん」のように慕った少年は、その後、波瀾《はらん》万丈の人生を歩むこととなった。
まずは、彼の生い立ちをたどることとしたい――。

第一章

野村克也の下に集いし少年たち

小学2年、8歳のときに父が突然死

友だちの家と比べて、「自分は貧しいのだ」とハッキリと自覚したのはいつのことだっただろう？　友人たちが持っていたゲームウオッチやファミコンをはじめとするおもちゃやゲームを買い与えられた記憶はない。ほしかったコミックはいつも立ち読みで済ませていたし、変速ギアのついた格好いい自転車は高嶺《たかね》の花だった。

ほしかったものを両親にねだった記憶もない。

幼心に「どうせ言っても買ってもらえないだろう」と理解していたのかもしれない。確かなことは覚えていないけれど、物心つく頃にはすでに「僕は貧乏なのだ」と、自らの境遇を受け入れていたのだ。

田中洋平《たなかようへい》は1975（昭和50）年7月24日、東京・渋谷区《しぶや》幡ケ谷《はたがや》で生まれた。

この頃、日本は高度経済成長期を経て、すでに経済大国の仲間入りを果たしていた。85年のプラザ合意に始まるバブル景気到来前の胎動に、街も、人も、活力に満ちあふれていた時代だった。

父はタクシーの運転手をしていた。

努力が足りなかったのか、それとも努力の方向性が間違っていたのか、あるいはそもそも向いていなかったのかはわからないが、いくら働いてもなかなか給料は増えなかった。会社からは「給料泥棒」と呼ばれていたと、母が冗談交じりに言っていたことを洋平は覚えている。

母は「みどり美容室」という名の小さな美容院を自宅で営業していた。

本名は和子《かずこ》というのに、どうして「みどり」なのか、その謂《いわ》れはわからない。「美容室」といっても、築年数を経た幡ヶ谷の古いアパートの二階スペースを店舗として利用していただけで、母の他に従業員は誰もいない個人経営の小規模なものだった。タクシー運転手となる以前の父は美容師だったというから、その頃に母と知り合ったらしい。

千葉出身の父も、福島出身の母も真面目に働いていた。

しかし、共働きでありながら一家の暮らしは苦しかった。借金があったわけではないと思うけれど、母はいつも「お金がない、お金がない」と口にしていた。それが、洋平にとっての幼い頃の鮮明な記憶だった。

住まいは風呂《ふろ》なし共同トイレで、銭湯代を節約するために、5歳上の兄とともに、しばしば台所で頭を洗い、身体を拭《ふ》いた。母は家賃負担を軽くするために、共同トイレの掃除も請け負っていた。

小学2年生のある晩のことだった。

いつものように家族四人で食卓を囲んでいると、父が「気分がすぐれない」と口にした。食欲がなく、「水っぽいものなら食べられそうだ」とトマトをかじり、スポーツドリンクを口にしたところ、父が突然、苦しみ始めた。

やがて意識を失い昏倒《こんとう》する。母は狼狽《ろうばい》する。救急車を呼ぼうにも電話番号もわからない。兄の指示で黒電話から「119」番に電話をする。その間、いくら名前を呼んでも父は目をつぶったまま、ただただうめいているだけだった。

今、自分の目の前で何が起こっているのか、洋平には理解できなかった。ただならぬ事態に見舞われていることは理解していた。とにかく怖かった。その場にいるのが耐えられなかった。自室のある二階から飛び出し、階下に逃げ込んだ。アパートの一階は八百屋や魚屋が並ぶ小さな商店街となっていた。商店街の人たちとは顔見知りだ。

「どうしたの、洋平ちゃん」

「お父さんが突然倒れたの……」

事情を説明すると、商店街の人たちが駆けつけてくれた。やがて救急車が到着する。救急隊員が父の様子を確認する。懸命な手当てを行ったものの、すでに息絶えていた。

心筋梗塞《こうそく》だった。47歳、突然の死である。

病院に運ばれることなく、その場で死亡が確認された。救急隊員が去ると、家の中は何とも言えない静寂が支配していた。目の前では父が横たわっている。

（さっきまで普通に会話していたのに……）

それは、8歳の少年には理解しがたい不思議な光景だった——。

穴の開いたキャッチャーミット

さぁさみんなで歌おう
松本《まつもと》の歌を
走れ走れ（ゴーゴー）
二塁ベースへ（ゴーゴー）
ラララ光より速く
青い稲妻

これが、洋平が記憶している父との数少ない思い出だ。

小学1年生か2年生の頃、父に連れられて初めてプロ野球観戦をした日のことだ。読売ジャイアンツ対大洋ホエールズ戦だったことはかろうじて覚えている。野球のルールはよくわからなかったから、どんな試合展開だったのか、どちらが勝利したのかは覚えていない。ただ、「青い稲妻」と呼ばれた松本匡史《ただし》の応援歌だけはよく覚えている。

当時スターだった原辰徳、中畑清、篠塚利夫《しのづかとしお》（和典《かずのり》）の記憶はないのに、青い手袋をした背番号《2》のことを記憶しているのは自分でも不思議だった。

さらに、通路を抜けてすぐ、目の前に広がる鮮やかなグリーンの人工芝、そしてまばゆいばかりのカクテル光線の記憶は、父との数少ない楽しい思い出の一つとして、その後も長く鮮明に焼きつくことになった。

突然、父が倒れたあの日以来、田中家は男の子二人を抱える母子家庭となる。貧しい暮らしに、さらに拍車がかかることとなった。

そして、その2年後――。

さらなる不幸が田中家を襲う。母のガンが見つかったのだ。幸いにして早期発見ではあったが、母は左の乳房を切除することとなった。以来、母は銭湯に行くことをためらうようになる。幼心にも、その理由はよく理解できた。

術後の経過は思わしくなかった。常に、身体のあちこちを撫《な》でながら「痛い、痛い」と口にする母の姿を見るのは辛《つら》かった。毎日、マッサージをしたり、湿布を貼ったり、幼い洋平にできることはそれぐらいしかなかった。抗がん剤によって、髪の毛はすべて抜け落ちていた。食事をしても、すぐに戻してしまう。普段は明るく気丈に振る舞っていたけれど、かなり無理をしていることはよくわかっていた。

転移の不安も常につきまとっていた。もちろん、経済的な不安は以前よりも大きくなり、入院、手術によってさらに家計は火の車となる。美容師としての仕事も開店休業状態となる。頼りになるのは父の遺族年金だけだった。

2年前に父を亡くし、続いて母が大病を患ってしまった。あまりにも、過酷な試練が田中家には押し寄せていた。

この頃、洋平にとって心から楽しめる唯一の時間が少年野球チーム「笹塚《ささづか》ロイヤルズ」での時間だった。同級生の稲坂匠《いなさかたくみ》と出会い、一緒にロイヤルズでプレーするようになってから、すぐに野球に魅了された。稲坂はとにかく肩が強かった。小学生にして、かなりの豪速球を投げていた。そのボールをキャッチできるのは洋平しかいなかった。

監督から「お前はキャッチャーだ」と言われ、その日以来ずっとマスクをかぶり続けた。いや、指導者から命じられた記憶はない。気がつけば当たり前のように、稲坂とバッテリーを組む「女房役」となっていた。

貧しい家計からキャッチャーミットを買ってもらうのは心苦しかったけれど、母は何も言わずに金を工面してくれた。野球をすることに関して、母は何も言わなかった。自由に外出もできないから、洋平が白球を追いかける姿を自分の目で見ることはなかったけれど、息子が夢中で、泥だらけになって白球を追いかける姿を想像すること、息子の楽しそうな笑顔が、せめてもの癒《いや》しとなっていたのだろうか？

稲坂の球はあまりにも速くて、やがてミットに穴が開いた。

小学校を卒業するにあたり次なるチームを考える時期が訪れた。

稲坂の父はとても熱心で、息子たちの次に進むべきチームを調べ上げていた。彼から「洋平も一緒に行こう」と力説され、その結果、目黒《めぐろ》を拠点とする目黒東シニアに入団することになった。

軟式から硬式へ――。

ユニフォームやスパイクなど、新たな道具が必要となる。またしても、母は何も言わずに金を手渡してくれた。新調したミットを大切にしながら、洋平は新たなステージへと踏み出すことになった。

『キャプテン翼』に憧れていた稲坂匠

洋平の幼なじみで、東京・笹塚に住んでいた稲坂匠――。

本音を言えば野球よりも、『キャプテン翼』に夢中だったため、元々はサッカーに関心を持っていた。元高校球児だった父は、長男である匠にどうしても野球をやらせたかった。

「お前はプロ野球選手になれ」

気がつけば近所の軟式野球チーム「笹塚ロイヤルズ」に入団していた。半ば父親主導ではあったけれど、他の誰よりも肩が強く、足も速く、何をやっても上手にこなせる稲坂はすぐにその才能をいかんなく発揮する。

こうして、少年は少しずつ野球に魅了されていく。けれども、自分一人だけでは面白くない。だから、近所に住む友だちを誘った。それが田中洋平だった。

キャッチャーは子どもには人気のないポジションではあったけれど、洋平は稲坂とバッテリーを組む楽しさに目覚めていた。

目黒東シニアには父の甥《おい》っ子である稲坂祐史《ゆうじ》が在籍していた。匠は2歳年上の祐史に憧《あこが》れていたから、目黒東シニア入りには何も支障がなかった。

小学校卒業を目前に控えた1988（昭和63）年冬、さっそく体験入団に出向いた。稲坂も洋平も、グラウンドで躍動する先輩たちの姿に圧倒された。中学生ともなると体格もひと回り大きく、自分たちよりもはるかに上手だった。

しかしこのとき、衝撃的な光景を目撃する。

監督を中心とした指導者たちが少年たちに罵声《ばせい》を浴びせながら、激しいビンタを何発も繰り出していたのだ。

（このチームに入って大丈夫かな……）

少年の心に不安がよぎる。けれども、このチームには憧れの従兄弟《いとこ》・祐史がいる。仲のいい洋平も一緒に入団する。父は「いいからここに入れ」と説得する。

父には「せっかく息の合ったバッテリーなのだから、厳しい環境の中で鍛えてさらに活躍してほしい」という思いがあったのだ。

こうして、不安を抱えながらではあったが、88年冬、稲坂は洋平とともに、目黒東シニアで新たなスタートを切ったのである。

目黒東シニアから、新チーム港東ムースへ

小学校卒業を前にして目黒東シニアでの活動が始まった。

しかし、「中学生になったら硬式球で本格的に野球をするんだ」という入団直後の意気込みとは裏腹に、どこかチームの雰囲気がギクシャクしていることに、洋平も稲坂も気がついていた。

指導者と保護者、選手たち、あるいは上級生と下級生……。すべてがよそよそしく、そして刺々《とげとげ》しい。まったく野球に専念できる環境になかった。

すぐに、チームが存続の危機を迎えているということを理解した。入団したばかりなので詳しい事情はよくわからなかったが、チームは直後に分裂した。

後に知ったところによると、端的に言えば監督と保護者による対立が深刻化したことが原因だったという。新中学3年生にとっては「最後の夏」が控えていた。保護者としても、選手たちにとっても、なるべく穏便に済ませたいという思いを抱きつつも、「ワンマン体制の監督の方針には従えない。もう辞めるしかない」という意見が大勢を占めた。

その結果、チームは空中分解することになった。

残る者と、居場所を失う者――。

混乱の渦中にあったが、入団したばかりでまったく状況がわからなかった洋平は、「残る者」としての道を選ぼうと、漠然と考えていた。しかし、ここでも進むべき道を指し示してくれたのが稲坂の父だった。

「おい洋平、辞めていくメンバーを中心に新しいシニアチームができることになったぞ。匠と一緒に、お前も新しいチームで野球をしよう！」

仲のよかった稲坂と一緒に野球を続けたい――。

深い考えがあったわけではないけれど、勢いに任せて新しいチームに入団することにした。新しいチームで、新しい仲間たちと白球を追いかける。まだ中学入学前だった洋平にとって、「チーム移籍」は特に大きな障害ではなかった。


新たに入団するチームは「港東ムース」といった。

監督を務めるのは、「生涯一捕手」であり、偉大な名キャッチャーとして名を馳《は》せていた野村克也だ。

序章で述べたように、チーム名となった「ムース」とは、南海ホークス時代の野村のニックネームであり、それは北米に生息する「ヘラジカ」のことで、のっそりした巨体ながら注意深く外敵の動向を観察し、いざというときには俊敏な動きを見せるということが由来だった。

それはまさに、現役時代の野村のようだった。１９６０年秋の日米野球で来日したメジャーリーガーのウィリー・メイズが名づけ親となったが、メイズにとって、野村はムースのようにクレバーで抜け目のないキャッチャーだったのだ。

洋平にとっての「野村克也」という存在は、「名前を聞いたことがある」という程度のものでしかなかった。元々、サッカーに夢中だった稲坂にいたっては、その名前すらも聞いたことはなかった。

しかし、稲坂の父をはじめとして保護者たちはみな一様に「あの野村さんが監督なのか！」「あの野村さんがチームを作ったぞ！」と興奮気味に話している。

枕詞《まくらことば》として、いつも「あの」がついていた。「あの野村さん」が監督となって、どんなチームが誕生するのか？　当の選手たちよりも、大人たちの興奮ぶりが印象的だった。

目黒東シニアから新チームに移った新3年生は13名だった。そこに数名の新2年生、洋平や稲坂などの新1年生が加わった。新チームの発足にあたって、新規メンバー募集も始まった。

急造チームではあったけれど、やがてメンバーも集まった。

88年2月16日、日本リトルシニア野球関東連盟からの正式承認も得た。

波乱含みではあったが、こうして、新生「港東ムース」が誕生したのだった――。

名選手の子として生まれた野村克則

小学1年生の頃に父――野村克也――が現役を引退した。

当時、7歳だった野村克則《かつのり》は一緒に住んでいた従兄弟の影響で、夢中になってボール遊びに興じていた。プロ野球中継では巨人戦を中心に見ていた。いや、巨人戦だけが全国中継で日々放送されていたから、当時の子どもの多くはジャイアンツファンだった。

克則が好きだったのは中畑清だった。「絶好調男」「ヤッターマン」の異名を持ち、明るいキャラクターで喜怒哀楽を前面に押し出したプレースタイルに魅了されたのだ。

（僕も中畑選手のようになりたい……）

そんな思いを胸に、小学3年生の頃に、自宅近くの目黒西リトルに入団した。この頃、克則の夢は「背番号《19》をつけてプレーすること」だった。

背番号《19》――。

言わずと知れた、現役時代の野村克也の背番号だ。中畑ファンでありながらも、父のことを尊敬していた。入団早々、克則は幼い希望を監督に告げる。その言葉を聞いた監督は諭すように言った。

「そんなに、その番号をつけたいのなら、一生懸命練習しなさい。ちゃんと見ていてあげるから、レギュラーになったら《19》をつけてもいいよ」

こうして与えられたのが、父の番号をひっくり返した《91》だった。

一日も早くレギュラーになりたい。そして背番号《19》を身につけたい。この日から、さらに克則の「野球熱」は高まっていく。

この頃、克則は「おとうさん、ぼくのゆめ聞いて」と題する作文を書いている。

お父さんは、いつもゆめを大きくもてといっている。

ぼくのゆめはリトルリーグでゆうしょうして、アメリカに行きたい。

わせだじつぎょうへ行きたい。

そして、こうしえんへ行きたい。

そして、ぼくが大きくなったら、プロ野球せんしゅになります。

プロ野球せんしゅになったら、巨人の王さんにまけた、お父さんのかたきをとって、王さんのきろくをやぶります。

ぼくはお父さんが、野球界で一番えらい人だと思います。

ゆめホームラン９００本。お父さん、ぼくに力をかしてください。

そしていつまでも元気でながいきしてください。

現役通算868本塁打を記録した王貞治《おうさだはる》と、657本の野村克也。

克則は「王さんにまけた、お父さんのかたきをと」るために、900本塁打を放つことを誓った。こうして、ますます野球にのめり込んでいくことになった。

引っ越しに伴って、小学4年生の頃には目黒東リトルに入団。卒業までの間、克則はこのチームで夢中で白球を追いかけた。

母・沙知代からは「ウソをつかないこと」、そして「礼儀正しくすること」を徹底的にしつけられた。しかし、克則が目黒西リトルに入団し、目黒東リトルに移籍してからは、さらにもう一つつけ加えられることになった。

絶対にプロ野球選手になりなさいよ――。

異父兄弟である長男・克晃《かつあき》、次男・克彦《かつひこ》はいずれもプロ野球選手になっていた。

克晃はヤクルトに入団し、克彦は広島東洋カープと日本ハムファイターズに在籍した。しかし、いずれも一軍で華々しい成績を残すことはできなかった。だからこそ、名捕手・野村との間に生まれた三男の克則に対する沙知代の期待も大きかった。

ちなみに、長男の克晃は団《だん》野村として、次男の克彦はケニー野村として、ともに後年、エージェントとなり、野球界に活動の場を見出《みいだ》すことになる。いや、その前に克晃、克彦はともに港東ムースにかかわることになるのだが、それは後述したい。

野村克也監督率いる「港東ムース」誕生

中学生になった克則は、そのまま目黒東シニアに在籍する。

しかし、チーム内では絶え間なくトラブルが起こっていた。原因は監督と保護者との関係悪化だった。克則が中学2年の冬、両者の対立は決定的なものとなり、克則も含めた新中学3年生が大挙してチームを去ることになった。

チームを辞める決意をしたのはいいものの、少年たちにとっては貴重な最終学年が宙ぶらりんとなってしまう。困り果てた保護者たちが野村家を訪れる。

プロ野球の世界で偉大な成績を残した野村克也の知恵を借りようと集まったのだ。

当時の野村は、野球評論家としてテレビや新聞で活躍する一方、全国を飛び回って講演活動に励んでいた。大阪市内での講演のわずか1時間後に三重県鈴鹿《すずか》市内で別の講演が控えていたため、ヘリコプターをチャーターして移動したという逸話も残っている。

後に野村は、スケジュールを管理していた妻・沙知代に「オレを殺す気か」と音を上げたと、しばしば自嘲《じちょう》気味に語ることになる。

野村家に集った保護者たちは熱を帯びた口調で訴えかける。

「このままでは子どもたちがかわいそうだ。ここはぜひともひと肌脱いでもらって、野村さんの力で新チームを立ち上げてほしいんです。我々も協力は惜しみません。克則君のためにも、ぜひ！」

保護者たちの情熱に野村が折れた。講演活動をセーブしつつ、少年たちに自らの野球哲学を伝授してみるのも面白いかもしれない。実務面を取り仕切るべく、妻の沙知代がオーナーを務めることも決まった。

こうして、港東ムースは誕生する。

連盟からの後押しもあって、88年2月16日、リトルシニア野球関東連盟から正式に承認された。選手は着々と集まった。練習道具もそれなりにそろえた。野村のツテをたどって、プロ野球関係者たちから、さまざまな道具を譲ってもらったのだ。

問題は練習グラウンドだった。チーム結成から2週間は、黙々と駒沢《こまざわ》公園をランニングするだけだった。そこで野村は動いた。巨人が使用していた多摩川《たまがわ》グラウンドを使用できるように、読売巨人軍にかけ合って承諾を得たのである。

このとき、野村は選手たちにこんな言葉を残している。

「オレがジャイアンツに頭を下げるということが、どういう意味を持つことなのか、お前らにはわからないだろうな……」

少年たちにその真意は理解できなかった。しかし、このときから三十数年のときを経て、彼らはその言葉の意味を改めて知ることになる。

日本中の人気と注目を集めていたジャイアンツに憧れつつ、嫉妬《しっと》にも似た反発も抱いていた。ほとんど注目されることのないパ・リーグ育ちの反骨心を武器に生きてきた野村がジャイアンツに頭を下げたのだ。その意味はとても重かった。

巨人軍の厚意で、毎週土曜日の午後2時から5時まで多摩川グラウンドの使用許可が下りた。また、野村の人脈を駆使して、火曜日と木曜日の午後6時から9時まで、神宮球場に隣接する室内練習場も使用できることになった。神宮球場を本拠地とするヤクルトには南海時代の後輩・松井《まつい》優典《まさのり》がスタッフとして在籍していた。南海時代から野村に敬意を抱き、その後も深い関係を築くことになる松井の尽力によるものだった。

日曜日には試合が行われ、それ以外の平日は田園調布《でんえんちょうふ》の野村家の庭にネットを張って練習した。もちろん、フリーバッティングができるような広大な敷地ではない。

基本は素振りを中心としたスイング指導で、順番にネットを使ったティーバッティングを行った。少年たちはひたすらバットを振り続けた。

野村も根気強く少年たちと対峙《たいじ》した。黙々とトスを上げ続けた。

「バットを振らないとスイングは速くならないぞ。スイングが速くなれば、どんな速球にも対応できるようになるんだ」

この頃の野村が何度も繰り返していたのは、こんな言葉だ。当時の野村は「スイングスピードを上げること」を少年たちに熱心に説いていたのだ。

河川敷で放った、野村の連続ホームラン

目黒東リトルで克則とチームメイトだった稲坂祐史は興奮していた。

チーム内のゴタゴタによる分裂劇で誕生した港東ムースという新たな所属先が、自分の想像以上に強豪チームとなる可能性を秘めていたからだ。元々、チーム成績は低迷していた。低迷していたからこそ、監督の指導方針や、采配《さいはい》、起用方法に対して保護者からの不満が爆発したのだった。

しかし、今回のチームは「あの野村克也」が監督を務めるという。

現役時代には、王貞治に次ぐ歴代2位となるホームランを放ち、南海ホークスではプレーイングマネージャーとしてリーグ優勝経験を誇る実力者だ。テレビ解説における「野村スコープ」でおなじみのあの人が自分たちの監督となるのだ。祐史の胸は高鳴っていた。

彼が決定的に野村に対する信頼感を強めたのは、多摩川グラウンドで野村の神がかり的なバッティングを見たときだった。チームができてすぐ、野村は選手たちに言った。

「いいか、バッティングの見本を見せてやる」

それまでは自ら打席に立つことなどなかったのに、野村は金属バットを持って打撃ケージの中に入っていく。その一挙手一投足に、選手たちは熱い視線を送る。

バッティングピッチャーがストレートを投じると、白球はあっという間にはるか彼方へと小さくなっていく。少年たちの間から、「おぉ……」と感嘆の声が漏れる。

続いて投じられたボールも、野村はいとも簡単に打ち返した。その次の球も、そしてその次の球も……。百発百中だった。すべてのボールを野村はホームランにしたのだ。

祐史は心から感動していた。

（この人の言うことを聞けば、絶対にうまくなるだろうな……）

普段の野村は、どこからどう見ても、「元プロ野球選手」といった印象は受けなかった。あくまでも、チームメイトである「克則のお父さん」であり、いくら保護者たちが「あの野村さん」と興奮していても、少年の目から見ればどこにでもいる中年男性にしか見えなかった。しかし、バットを持つと、その姿は一変した。

現役時代、戦後初の三冠王となった片鱗《へんりん》を随所に感じた。

このとき、野村は52歳。45歳で現役を引退してから7年が経過していたが、その打棒は健在だった。この瞬間から、少年たちは一気に野村に心酔していく。

(この監督がいれば、僕たちも全国優勝できるのではないか……)

祐史はもちろん、チーム分裂騒動に揺れていた少年たちの胸に希望の光が宿った。このとき、親友である「克則のお父さん」「《野村スコープ》のおじさん」であった人物が、「僕たちの野村監督」へと変わった。

祐史は野村の自宅に行くのが楽しかった。ひたすらバットを振り続けることは辛かったけれど、「これを頑張れば、上手になれるんだ」という希望の方が勝っていた。

これまでも、克則の家に遊びに行くと、そこに数々の賞状やトロフィーが飾られているのを目にしていた。そのときは何も感じることはなかったけれど、あの河川敷での連続ホームランを目撃してからは、これらの記念アイテムを見る目も変わった。

（やっぱり、この監督についていけば僕たちは必ず勝てるんだ……）

バットを振る手に、さらに力がこもった。

野村に見出された技巧派ピッチャー

近所の遊び仲間たちはみな野球好きだった。

その影響もあって、東京・目黒区に住んでいた藤森則夫《ふじもりのりお》は小学校2年生の頃に隣接する世田谷《せたがや》の「リトルコンドル」という軟式野球チームに入団した。最初は内野手から始まって、次にキャッチャー、そして、6年生の頃にはピッチャーになった。

野球に魅せられていた藤森は、見るのもやるのも大好きだった。東京生まれ、東京育ちだったので、神宮球場を中心にヤクルトスワローズの試合をよく見ていたけれど、後楽園《こうらくえん》球場では読売ジャイアンツ戦も見ていたし、特定のチームのファンというよりは、とにかく野球自体が大好きな少年だった。

その後、身長はあまり伸びなかったけれど、6年生当時ですでに160センチとなっていた藤森は中学で本格的に野球に打ち込もうと考える。小学校の同級生が渋谷リトルに入っていた。

ある日、彼から貴重な情報がもたらされた。

「新しくできた港東ムースというチームが練習会をやるんだって……」

すぐに問い合わせて、友だち数名と練習会に参加した。会場は神宮の室内練習場だった。結局、友人たちはみな他のチームに入ることになったけれど、藤森はできたばかりの新チームに魅力を感じて港東ムースに入ることを決めた。

（プロが使う場所で練習ができて、しかも監督はあの野村さんなんて、最高だな……）

ムース1年目。一からのスタートだった。

監督は「あの野村さん」だ。テレビ解説で何度か顔を見たこと、声を聞いたことはあった。現役時代の記憶はなかったから、特別な興奮や感動があったわけではないけれど、周りの大人たちがみな上気した顔で、「野村さんが監督なら安心ね」と話している姿は、強く印象に残ることになる。


入団早々、神宮室内練習場でのことだった。

全選手が内野に集められて、ノックを受けていた。藤森もその中に交ざって軽快に打球を処理していた。ノックが終わり、次の練習に移行する際に野村の前を通り過ぎる。ブルペンの前でのことだった。

「おい……」

初めて、野村から直接、声をかけられた。

「おい君、ちょっと投げてみなさい……」

最初はまったく意味がわからなかった。ただ、野村の前を通り過ぎようとしただけだったのに、何の前触れもなく「投げてみなさい」と言われたからだ。

さっそく、ブルペンに入って藤森は力いっぱいボールを投げ込んだ。野村は黙ってそれを見ている。やがて、野村が口を開いた。

「君はピッチャーをやっていたのか？」

当然、野村は藤森の球歴などまったく知らなかった。

「6年生のときにはピッチャーでした」

その言葉を聞くと、野村は「君はこれからピッチャーをやりなさい」と静かに言った。他に何も説明はなかった。

(監督は、どうして僕がピッチャーだったってわかったのだろう？)

胸の内に小さな疑問が芽生えたけれど、「あの野村さん」から潜在能力を認められたようで藤森は嬉《うれ》しかった。

この日から、彼はピッチャーとしての野球人生を本格的に始めることになった。

3年生の稲坂祐史のボールはめっぽう速かった。コントロールにばらつきはあったけれど、ミットを押し込む力は半端ではなかった。1年生の藤森にとって、「やっぱり3年生は違うな」と感じさせるのに十分な威力を誇る力強いストレートだった。

一方、藤森の投じるストレートは、祐史と比べるとかなり見劣りするものだった。しかし、スピードはまったくないもののコントロールは抜群だ。ミットを構えた位置から寸分違《たが》わぬところに白球が収まっていく。野村がほれ込んだのも、まさにこの点にあった。

狙ったところに、次々と小気味よくボールが投じられていく。

（ずいぶんコントロールのいいピッチャーだなぁ）

たとえスピードがなくても、これほどのコントロールがあれば打者を打ち取ることは十分可能だ。技巧派投手として成績を残すことも可能だろう。

野村は藤森のコントロールを絶賛していた。


藤森同様、「新しいチームの練習会に参加してみようかな？」と考えていたのが、川崎《かわさき》に住んでいた井端弘和《いばたひろかず》だった。

小学校卒業を間近に控えていた井端は中学の野球部に入るか、シニアリーグで本格的に野球を続けるか迷っていたが、友人たちに誘われる形でシニアに進むことを決めた。

同じ地区には「港東ムース」という新しいチームができるということを聞いていた。新しいチームで、一から始めることに魅力を感じたけれど、練習に通うことを考慮に入れて、自宅から近い城南品川《じょうなんしながわ》シニアに入団した。

電車で通うことよりも、自転車で練習に行くことを優先したからだ。後に井端はこの決断を悔やむことになるのだが、それは後述したい。


藤森がピッチャーとして指名され、井端が港東ムースではなく別のチームのユニフォームを着ていたちょうどその頃、洋平も新天地で奮闘していた。

母の病状は相変わらず思わしくなかったけれど、白球を追いかけている間だけはイヤなことを忘れることができた。「野村の教え」によって、洋平はますます野球に夢中になっていた。

中学生を指導するということ

野村にとっては初めてとなる少年への指導となった。

決して手を上げることはしなかったし、声を荒げたり、選手たちを罵倒したりすることもなかった。また、理不尽な根性論や精神論を振りかざすこともなかった。

かつて、南海時代の恩師である鶴岡一人《つるおかかずと》が実践していた「軍隊野球」を踏襲するつもりは微《み》塵《じん》もなかったからだ。

この頃、野村が採ったのは「褒めて伸ばす」という指導法だった。

後のヤクルト、阪神、楽天時代の姿からはまったく想像できないが、可能性に満ちあふれ、これから何者にでもなれる無限のポテンシャルを秘めた少年たちに対して、野村は「褒めて育てる」という選択をした。

野村家の自宅庭では延々と素振りが繰り返されていた。回数を重ねるにつれて、手の皮はめくれ、足元もおぼつかなくなってくる。そんなときには野村からの激励が飛んだ。

「そうだ、いいぞ。その振りだ。もっともっと振れるぞ。よし、いいぞ。そのスイングの感触を忘れるなよ」

こうして、選手たちは1日1000スイングも平気でこなすようになっていく。連日のティーバッティングの成果もすぐに出始める。フリーバッティングでは、選手たちの打球の飛距離がグンと伸び始めていた。練習すれば成果が出る。小さな成功体験は、やがて大きなやる気へと繋《つな》がっていく。

後に野村は選手育成について、こんな言葉を残している。

人間は、「無視、称賛、非難」の順で試される。

このとき野村は中学生相手に「称賛」を選択した。また、こんな言葉も口にしている。

褒められているうちは半人前と自覚せよ。

自ら監督を務める新生チームに集まった中学球児たちは、まだまだ未知数の存在であり、「半人前」だった。だからこそ、この時点で「無視」や「非難」は適切ではないと考えたのだろう。

また、「褒めておだてるのは、そうしなければ自ら動こうとする意欲が引き出されないからである」と野村は言う。遊びたい盛りの少年たちと、職業として集ったプロ野球選手と同列に接するわけにはいかないのは当然のことだった。

この時点での野村は、中学生たちを「褒めておだてる」ことで、彼らが「自ら動こうとする意欲」を引き出そうとしていたのだ。

南海時代の70年から77年までの8シーズン、野村はNPBの選手兼任監督を務めた。監督就任時、野村は現役選手であり、34歳の若さだった。激烈なプロの世界で生き抜いてきた自負も、当然あっただろう。

しかし、そのやり方がそのまま中学生たちに通用するとは考えなかった。冷静な現状分析と臨機応変の対応。それが、野村の名将たるゆえんでもあった。

中学生には中学生なりの指導術があるはずだ――。

自分の野球観をどのように中学球児に伝えればいいのか？

野村もまた、「中学生への指導」を模索しながらの監督就任だったのである。

第二章

「ＩＤ野球」を少年たちに

「野村スコープ」から「ＩＤ野球」へ

１９８０（昭和55）年シーズン限りで、27年に及んだ現役生活に別れを告げた野村克也が、次に選んだのが野球評論家という道だった。

81年から82年まではＴＢＳテレビとＴＢＳラジオの専属解説者となり、83年から新天地として選んだのがテレビ朝日だ。野村の解説は「ノムさんのクール解説」と命名され、テレビ朝日の解説者時代は83年から89年まで続いた。この間、野村はプロ野球中継のテレビ解説における「革命」を興している。

ストライクゾーンを九分割して、バッテリーの配球の狙いを可視化する「野村スコープ」を導入したのだ。野村は「ここに投げれば打たれますよ」「ここにカーブを投げれば三振です」と、画面上に表示しながら次のボールを予測し、次々と的中させていく。

「画面が見づらくなるのでは？」という中継プロデューサーの懸念をよそに、視聴者からは大きな反響を呼んだ。プロ野球を「結果で見る」のではなく、「予測して見る」という新しい見方を提示したからだ。

精度の高い「予測」のためには、きちんとした根拠が必要となる。野村の解説はその根拠を視聴者にわかりやすく提示するものだった。

すべての配球に根拠があり、正しい根拠があれば正確な予測も可能となる。それは、ヤクルト監督就任時に掲げた「ＩＤ（データ重視）野球」の原型と呼べるものでもあった。

「野村スコープ」から「ＩＤ野球」への過渡期にあたるのが、この評論家時代だった。そして、野村がもたらした「野球の見方」は日本人の野球偏差値を大きく向上させることとなった。

さらにこの間、野村は視聴者だけではなく、「一般の中学生」にも、後の「ＩＤ野球」を伝授している。

それが、港東ムースでの1年8カ月なのだ――。


南海ホークスでの監督経験はあったものの、「少年」を指導するのは初めてのことだった。しかし、息子・克則がリトルリーグに在籍していたことで、その指導者たちを目の当たりにしていた。その結果、野村は「少年指導の心得」を自分なりにつかんでいた。

野村がもっとも気になったのが「子どもたちを型にはめ込もう」とする指導者だった。10歳になるかどうかという子どもたちに向かって、「ゴロは身体の真ん中で捕球しろ！」「打球に対しては前に突っ込め！」と怒鳴ることに、はたしてどんな意味があるのだろう？

彼らはまだ十分な平衡感覚を備えていない。その段階で教えるべきこと、教えるべきでないことは確実にあるはずだった。

指導としては正しいのかもしれない。基本は大事である。

しかし、それはある程度身体が出来上がってから教えてもいいのではないか？　野球の楽しさを覚え始めた小学生に、反復練習を徹底し、軍隊式に頭から強制することはナンセンスではないのか？　それは、かつて南海時代に、鶴岡一人監督に対して感じた反発、いや嫌悪感と同種のものであった。


克則とキャッチボールをしていたときのことだった。

息子の投げるボールは、いずれもシュート回転して右側に逸《そ》れてしまっていた。「どうして右にいっちゃうのかな？」と首をひねる息子に対して野村は言う。

「どこを狙って投げてるの？」

克則は「真ん中だよ」と答える。野村がヒントを与える。

「じゃあ、もうちょっとこっちを狙ってみなよ」

克則から見て、さらに左方向にミットを構える。すると、ボールは真ん中に収まった。その瞬間、息子は「あっ、そうか」と納得したそぶりを見せている。

そこからは「ここを狙えばどうなるのかな？」と何度もボールを投げて、自分なりの感触をつかむべく自発的に取り組むようになったという。

答えは与えずに、ヒントを与える――。

いきなり与えられた「答え」は本人のためにならない。さまざまな試行錯誤、そして失敗の末に自らつかんだものが、本当の答えとなる。

すでに正解を知っている「大人」としては、手っ取り早く「答え」を教えたくなる。しかし、指導者には忍耐が必要なのだ。本人が「答え」を見つけ出すまで、温かく、そして忍耐強く見守ることが重要なのだ。このとき野村はそんなことを学んだ。そして、それは後のヤクルト監督時代にも応用されることとなった。

後に野村は、こんな言葉を残している。


監督とは、気づかせ屋である――。


こうした経験を踏まえて、野村は自分なりの「指導哲学」を得る。

小学生から中学1年生ぐらいまでは「楽しく遊びながらボールに慣れさせること」が大事なのだ。その段階を経て、中学2年生頃からようやく「基本」を教えればいい。

小学生にはボールに触れる楽しさ、野球の面白さを存分に満喫させてあげればいい。そして、中学生になったら野球の奥深さを教え、「基本」を教えてあげればいい。

こんな考えを抱いていた折に、野村は港東ムースの監督となったのだ。

強豪・調布シニアをいきなり撃破

目黒東リトル時代から克則のチームメイトである稲坂祐史はムースでの練習が楽しくて仕方なかった。新しいチームは、自分の想像以上に練習環境が整っていたからだ。

「目黒東シニアは個々の選手はそれなりに上手だったんだけど、週に一度ぐらいしか練習がないからたいして勝てないんです。でも、ムースになってからは違いました。最初は不安でしただって練習場も何も決まっていないから、克則の家にみんなで集合して、庭でバットを振っていただけですから（笑）。だけど、すぐに多摩川のジャイアンツのグラウンドが使えるようになって、雨が降れば神宮球場や川崎球場の室内練習場を使わせてもらえるようになりました。それまでは週1の練習だったのが、ほぼ毎日になったんです。しかも、ヤクルトとかロッテとか、プロが使う練習場でね」

三十数年前の出来事にもかかわらず、その口調は熱を帯びていた。

チーム誕生当時の思い出を克則が振り返る。

「ふとした流れで新チームを作ることになったけど、新しいチームができたことでみんなワクワクしていました。正直、僕らは強いチームじゃなかったので、〝1期生みんなで仲良く頑張っていこうよ〟という前向きなムードでした。親父からは細かい指導はなくて、〝とにかく振る力をつけなさい〟と言われていました。それでめちゃくちゃバットは振りましたね。やればやっただけ上手になる感触はすでにありましたよ」

その結果、伸び盛りの少年たちは急成長を遂げることになる。祐史は言う。

「雨でも練習できるようになりますよね。そうすると上手になるんです。新チームができたばかりの頃の練習試合のことは今でも忘れられないですね」


当時、シニアの名門チームとして君臨していたのが東京・調布《ちょうふ》シニアだ。早稲田実業学校で甲子園のアイドルとなった荒木《あらき》大輔《だいすけ》を輩出し、日本国内だけではなく、世界大会でもその名をとどろかせていた強豪チームだ。克則が当時を振り返る。

「当時の調布はシニアリーグの中でも全国大会常連の常勝チームでした。僕らの実力からしたら、練習試合も組んでもらえないほどのチームです。でも、親父の力もあって練習試合を組んでもらえたんです。〝うわ、調布と試合できるのか！〟とか、〝どれだけ強いんだろう？〟とか、僕たちはもうウキウキ、ワクワクですよ」
「あの野村」が少年野球チームの監督を務める――。
マスコミでも話題になっていたこともあって、当日はワイドショーのテレビクルーも訪れていた。そして、祐史も克則もそろって口にする「調布シニアとの練習試合」において、ムースは勝利する。しかも、ダブルヘッダーで2戦2勝したのだ。
初戦に先発した祐史は見事に完投勝利を飾り、克則はホームランを放った。まるでシナリオがあったかのような、劇的すぎる試合展開となった。
「向こうの監督さんはすごく怒って大変だったようですよ。初戦で負けたから、向こうから〝もう1試合しませんか?〟と言って2戦目をしたのにまた負けた。初戦は4対2ぐらいで、2戦目は8対3ぐらいだったと思います。試合中にもかかわらず、外野を走らされている選手が何人もいましたから（笑）」（克則）
「元々、個々の選手の能力はそんなに低くないとは思っていたけど、環境が変わって、正しい練習をしたら調布シニアにも勝つことができた。当然、〝頑張ればもっといけるんじゃないか〟という気持ちになるんです。人は変わっていないのに、環境が変わって、努力の方向を間違えなければ人は成長できる。すごく勉強になった気がします」（祐史）
チーム誕生直後の成功体験は、少年たちに自信を植えつけることとなった。

同時に、手探り状態だった野村にとっても、自身の「指導哲学」に手応《てごた》えを覚えることになった。

物事を単純化、極端化して指導する

快調なスタートを切った――。

３年生たちが最後の夏に向けて奮闘している中で、1年生たちも来るべき日に備えて虎視《こし》眈々《たんたん》とその牙《きば》を研いでいた。

神宮室内練習場で、入団直後の藤森則夫が内野手ノックを受けていたときのことだった。先に述べたように、このとき藤森は「投手転向」の瞬間を迎えている。ノックを終えて次の練習の準備をしていると、「おい、君……」と野村に呼び止められた。

「このときの記憶はすごく鮮明に残っています……」

現在は大手不動産会社に勤務する藤森が述懐する。

「……ただ普通に歩いていたら、野村監督に声をかけられました。いきなり、〝ちょっと投げてみなさい〟と言われてブルペンで投げてみたら、その場で〝これからピッチャーをやりなさい〟と言われました。理由はわかりません。でも、小学生の頃はピッチャーだったので、〝あの野村さんに認められた〟という気がしてすごく嬉《うれ》しかったです」

この日以降、藤森はブルペンにいる時間が増えていく。

「私の場合、スピードはそれほどなかったんですけど、コントロールはよかったので、その点を評価されたのかもしれないです。野村監督からはいろいろなことを教わりました。今でもよく覚えているのは、〝コントロールさえよければ、打たれることはない〟という言葉です」

野村は藤森に何度も何度も、「スピードじゃない、コントロールだ」と説いた。それはまるで、豪速球に憧《あこが》れがちな少年たちに意識改革を迫る「洗脳」のようなものだった。

さらに、「対角線を使え」とも説いた。

その教えは後の創価高校、明治大学時代にも役立つことになる。


現在は出版社に勤務している当時1年生の平井《ひらい》祐二《ゆうじ》はスイングの矯正を指示されていた。

「神宮室内練習場の入口に野村監督が座っていて、その傍らにはオーナーが控えていました。練習中に一人ひとり呼ばれるんですけど、いつも手のひらのマメのチェックをされました。マメができていないと、オーナーに〝これじゃダメだ〟って言われて、マメができていたり、血がにじんでいたりすると監督もオーナーもすごく喜ぶんです」

平井の言う「オーナー」とは、「サッチー」こと沙知代夫人である。ある日、平井はスイング指導を受けることになった。

「当時、僕はスイングが高くて、首の辺りでバットを振っていたんです。でも、野村監督に〝それじゃダメだ〟と言われて矯正することになりました」

このとき野村が命じたのは「ゴルフスイングをしろ」というものだった。

「監督からは、〝とにかく下から振れ〟と言われ続けました。半信半疑ではあったけど、本当にゴルフクラブのようにしてバットを振り続けていると、普通に振ったときにスイングが下がっていました。今から思えば、野村さんは中学生向けに、あまり複雑なことは言わずに、物事を単純化して、しかも極端にやらせることで悪いクセを直すという指導方法を採っていたんじゃないのかな？　そんな気がしますね」

この頃、少年たちに伝える野村の打撃指導はシンプルなものだった。

――小さく、鋭く。

このフレーズを何度も何度も繰り返して少年たちの脳にインプットしようと試みていた。そのために何百、何千回とバットを振らせて、「小さく、鋭い」スイングを身につけさせようとしていた。

現役引退後、ほとんど自宅にいることがなかった野村だが、港東ムース誕生後は自宅にいる機会が格段に増えた。それまで父と子の交流が極端に少なかった野村家だったが、克則は初めて父親からじっくりと野球の指導を受けることになった。

「この頃、僕が父から教わったのは、〝バットを振らないとスイングが速くならないぞ〟ということでした。そして、〝スイングが速くなれば、どんな速球にも対応できるんだぞ〟とも教わりました。この頃はそればっかり教わっていました。毎日毎日素振りをして、少しずつスイングスピードが上がってくると、〝そうだ、いいぞ、そのスイングを忘れるなよ〟とやる気をかき立ててくれました。当時の父は、〝褒めて伸ばす〟という指導スタイルでした」

投手には「対角線を使え」と指導し、打者には「小さく、鋭く」とシンプルに伝え、ひたすら素振りを徹底させた。「強制」を避け、「褒めて育てる」姿勢を貫いた。

それが、中学球児に対するこの時期の野村流指導術だった。

不本意だった「キャッチャー転向指令」

熱心な父親の指示の下、港東ムースの門を叩《たた》いた稲坂匠は、この頃すでに、「練習に行きたくないな」と考えるようになっていた。入団早々のことだ。稲坂は野村に「ちょっと、こっちに来い」と声をかけられた。

「お前はバカみたいに肩が強いからキャッチャーをやれ。頭は悪そうだけど、バカ肩だからキャッチャーとしてやってみなさい」

この言葉に、当時の稲坂少年は大きなショックを受けた。三十数年前の春の日の出来事を本人が振り返る。

「いきなり野村監督に、〝おい、お前はこれからはキャッチャーだ〟って言われました。でも僕は、〝キャッチャー、やりたくないです〟って泣いたんです。横で見ていた親父には〝バカお前、すごい人に言われてるんだぞ〟って怒られるし、近くにいたサッチーさんには〝誰に向かって言ってんだ〟って、頭をひっぱたかれました。子ども心に、全然意味がわからなかったです（笑）」

小学生時代は豪速球自慢のピッチャーだった。ピッチャーへのこだわりはなかったけれど、ジャイアンツの松本匡史ファンだった稲坂は、「中学に入ったら、俊足自慢の外野手になりたい」と考えていた。そんな矢先の「キャッチャー転向指令」だったのだ。

「当時、足が速い外野手にすごく憧れていたんです。ピッチャーへの未練は全然なかったし、巨人の松本選手への憧れもあったので、外野手をやりたかったんですけどね……。今から思えば、あの野村さんに〝キャッチャーをやれ！〟って言われたのは光栄なことだし、大切なポジションだということは理解できるんですけど、当時はキャッチャーに対して〝立ったり座ったりする地味なポジション〟というイメージしか持っていなかったんで、すごくイヤだったんだと思います（笑）」

しかし、本人の抵抗むなしく、この日すぐに稲坂はキャッチャーとなる。

「いきなりキャッチャーマスクを手渡されました。そして、〝これをやるから〟とプロ選手のおさがりのキャッチャーミットをもらいました。で、そのままショーバン（ショート・バウンド）を止める練習をやらされました（笑）」

当時、テレビ朝日の解説者だった野村は、「今度、少年野球チームの監督をすることになったから、不用な道具を提供してほしい」と、関係者に頭を下げていたという。そのため、他のチームでは考えられないほど道具は潤沢にあった。

これもまた、「野村効果」の一環であった。

ここからしばらくの間、稲坂は「練習に行くのがイヤになった」と振り返る。

そしてこのとき、洋平もコンバート指令を受けている。

小学生時代にキャッチャーだった洋平は、ムース入団後すぐに野村から「お前は外野手だ」

と言われたという。まったく予期せぬ指令だったが、「新しい環境で、一から野球を楽しもう」と考えていた洋平は、これを素直に受け入れた。

外野手に憧れていた稲坂がキャッチャーとなった。

キャッチャーだった洋平が外野手となった。

小学校を卒業し、中学1年になる頃、野村の指令により、両者はそれぞれの新しいポジションを与えられていたのだ。

野村のお眼鏡にかなった少年

父を亡くし、母が病と闘っている状況下で、港東ムースを新天地とした洋平は野球に生きがいを見出《みいだ》していた。母は抗がん剤の副作用に苦しんでいた。食べたものを戻してしまったり、いつも「痛い、痛い……」と口にしたりしている姿を見るのは辛《つら》かった。相変わらず家計は苦しく、自宅に帰っても、鬱々《うつうつ》とした時間を過ごしていた。

しかし、港東ムースの練習に参加するその瞬間だけは何もかも忘れられた。

まだ1年生だったのでなかなか出番は与えられなかった。それでも、野村の下で本格的に野球を学ぶ喜びは格別だった。初めて知ることの連続。「野村の教え」を実践することで、確実に上達しているという手応《てごた》えを得るのは爽快《そうかい》だった。

「後に野村さんから直接言われましたけど、中1当時の僕は箸《はし》にも棒にも掛からぬ存在で、何も目立っていなかったそうです（笑）。でも、初代メンバーが卒業して、僕らが中2になる頃から、少しずつ野村監督との接点も増えていきました」

中学1年時は外野手として練習していたものの、2年生になると野村は洋平と稲坂、それぞれに「再度の転向指令」を出している。稲坂が述懐する。

「中1のとき、〝お前はオレの横にいろ〟と言われて、試合中もずっと配球について教えを受けました。後にヤクルト監督時代に古田（敦也）さんに指導していたような、まさにあんな感じです。でも、結局野村監督に見抜かれたんです。〝お前はキャッチャーに向いてない〟って。正直言ってすごく嬉しかったです。今から思えばとても失礼な話ですけど、〝これでキャッチャーをやらなくて済む〟って（笑）」

このとき、稲坂は希望していた外野手に転向する。肩の強さ、そして足の速さを買われた上での「再転向指令」だった。そしてこのとき、稲坂の代わりにキャッチャーのポジションを与えられたのが洋平だ。稲坂が言う。

「洋平は元々キャッチャーだったし、野村監督から見ても、〝こいつは頭がいいぞ〟って光るものがあったんだと思います。僕とまったく逆ですね（笑）」

詳しくは第四章で述べるが、結果的にこの「再転向指令」は成功する。


再びキャッチャーマスクをかぶることになった——。

元々、キャッチャーとしての楽しみも、奥深さも知っていた洋平にとって、それは新たに野球の魅力を知る契機となった。

先輩キャッチャーへの指導を傍らで熱心に見つめた。野村の言葉は、洋平にとって初めて知る刺激的なことばかりだった。

「よく覚えているのは、〝配球の基本は外角低めだぞ〟という教えです。もう、シンプルにそれだけを繰り返していました。キャッチャーもいつも言われていたし、ピッチャーにももちろん、同じことを言っていました。だから、藤森はいつも外角低めに投げる練習をしていましたね」

前述した藤森則夫が口にした「対角線を使え」というフレーズは、つまりは「外角低めと内角高めを交互に織り交ぜろ」という意味だった。

「そうです。藤森が言っている《対角線》というのは、内角高めと外角低めのことです。要は、バッターに対して、起こして、縮ませて、翻弄《ほんろう》するということなんです。細かい配球ではなく、まずはそれだけでも覚えておけばいい。野村監督なりに、中学生向けに単純化して伝えたんだと思います」

同学年の藤森とバッテリーを組んだ。コントロールに絶対的な自信を持っていた藤森は縦に大きく曲がるカーブ、いわゆるドロップの使い手でもあった。

「藤森のカーブって、元ジャイアンツの桑田真澄《くわたますみ》さんのような大きな軌道で曲がるんです。だから対角線を使うにしても、ストレートだけじゃなくて、たまに同じ高さから曲がるカーブを織り交ぜるんです。するとバッターは面白いように空振りしました。この頃から、《考えること》、《頭を使うこと》が習慣になっていったと思います」

後の「ＩＤ野球」に通じる「野村の教え」は着実に中学生にも浸透していった。さらに、洋平はこんな教えも覚えている。

「野村監督から何度も言われたのは、〝打たれた次の打席の初球は同じボールを投げろ〟という教えでした。要は、〝さっき打たれたんだから、同じボールはもう来ないだろう〟という打者心理を逆手にとった教えでした」

ただ力任せにプレーをすればいいわけではないこと。

相手の心理を逆手に取った戦術があること。

中学球児たちの吸収力は、野村の想像以上だった。藤森はさらにコントロールに磨きをかけるべく投球練習に励んだ。そのボールを受けながら、洋平は「打者心理」というものを真剣に考えるようになった。

自宅に戻れば床に臥《ふ》せる母が待っていた。けれども、「野村の教え」を反芻《はんすう》して、野球のことを考えている間は本当に楽しかった。

やがて、洋平が3年生になる頃には、その教えはさらに高度化し、複雑化していくことになる。それは改めて詳述したい。

魔が差した万引き……、母の涙と怒り――

洋平がまだ1年生の頃のことだった。ある日の練習に行く途中、チームメイトとともに自宅近所の書店に立ち寄った。大好きなマンガを立ち読みするのはいつもの習慣だったが、もちろん、コミックを買う余裕はなかった。

友人が外で待っている間も、洋平は食い入るように『シティーハンター』を読み進めていく。このとき、洋平の心に一瞬の空白が訪れた。気がつけば手にしていたコミックをカバンに入れてしまっていた。

その瞬間、洋平の腕は力強く引っ張られた。狼狽《ろうばい》してそちらを見る。そこにあったのは、怒りに震える母の姿だった。

店の外で待っている友人の姿を見つけて、母が様子を見に来たのだった。こんな偶然があるものなのかと思う間もなく、カバンからコミックを取り出して元の位置に戻すと同時に、母はグイグイと洋平の腕を引っ張って自宅に引き返した。

「今日は練習に行っちゃダメ！」

自宅に戻るとすぐに正座をさせられた。近くにあった食器を思い切り投げつけられた。割れた小皿の破片が飛び散り洋平の頬に血が滲《にじ》んだ。

「洋平、もう野球なんか辞めてしまいなさい……」

母の声は震えていた。早くに夫を亡くし、女手一つで息子二人を育ててきた。その胸の内にあったのは「〝あの子は母子家庭だから……〟と、人様に後ろ指をさされないように」という思いだった。それなのに、まさか自分の息子が万引きをするなんて……。

母のショックは相当だったのだろう。狼狽もあったのかもしれない。だからこそ、普段よりも大きな声を出させた。そしてそれまで以上に熱心に、執拗に洋平を諭した。

「実は中学に入学して早々、先輩たちに〝タイマン張れよ〟とケンカを吹っかけられました。それに乗ってしまったことで、後で母は学校に呼ばれて悲しい思いをしました。それで懲りたはずなのに、今度は万引き現場を見つかってしまった……。自分の息子が万引きをする現場を見るなんて、親としては辛かったと思います。本当に申し訳ないことをしたと思います。ひょっとしたら、天国の親父が止めさせたのかもしれない。そんなことはあるわけがないとわかってはいたけど、そんな思いがしました……」

このとき、洋平は猛烈な後悔に襲われた。

確かに家計は苦しかった。それでも、母はいつも交通費以外に、少し多めに小遣いを手渡してくれていた。友人たちと比べれば、決して裕福ではなかったけれど、母は母なりに息子のために、精一杯の気遣いをしてくれていたことに気がついた。

「いくらお金がないからといって万引きしていいはずがないし、そもそも母は交通費をきっかり、パツパツにくれていたわけじゃなくて、それなりに《余力》を含めて渡してくれました。それを数回貯めれば、『シティーハンター』だって買うことはできました。それなのに僕は、安易なところに飛びついてしまったんですね……」

港東ムースの練習場である多摩川グラウンドのすぐそばには「グランド小池商店」という名物おでん屋が、今でも存在している。「ＯＮ」こと、王貞治、長嶋茂雄《ながしましげお》を筆頭に、練習を終えた読売ジャイアンツの選手たちが訪れていたことで有名な店だ。

もちろん、ムースの選手たちも練習終了後には買い食い感覚でこの商店を訪れた。

チームメイトたちが、それぞれ自分の好きなおでん種を選んでいる中、洋平はほとんどこの店に顔を出すことはなかった。

「みんな、あの店でおでんを食べていましたけど、僕はあんまり行きませんでした。皿を手に持って、2品も3品も選んでいる友だちを見ていると、ちょっとうらやましかったですね。だから僕は、お袋が少し多めに持たせてくれた交通費の残りで串ものを1本だけ買って、多摩川の土手で食べていました。みんなそれぞれ、親が試合や練習を見に来ていたから、いくらでも好きなものを買ってもらえるんだけど、うちの母は多摩川には来ていなかったから……」

ムースでは、当番制で保護者が食事の準備をしたり、自家用車を準備して選手たちの移動の手伝いをしたりしていた。

しかし、母子家庭であり、闘病中だった洋平の母はそれらの手伝いをすることはできなかった。選手たちのつまむ軽食用の唐揚げ作りも、スポーツドリンクを用意することも、したくてもできなかった。洋平は家族の前でプレーした経験はなく、いつも一人だった。

いくら事情があってのこととはいえ、内心では「うちだけ何も当番をしていなくて申し訳ないな」という思いもあった。そんな事情を察して、ある保護者が言った。

「洋平君も、好きなものを食べなよ。おばちゃんが買ってあげるから」

それでも、気後れがあった洋平は、素直に「はい、ありがとう」とは言えなかった。

「もちろん、何度もごちそうにはなったんですけど、素直に〝ありがとうございます、いただきまーす！〟と言えるタイプではなかったですね。あのおでん屋に関しては、常にどこかで一歩引いているような、そんなイメージが今でも強いです」

白球を追いかけているときは、そんなすべてのことを忘れられた。ますます、洋平は野球にのめり込んでいく。

そんな洋平のことをじっと見守る人物があった。そう、野村克也である。自身も母子家庭で育ち、幼い頃からアルバイトをしながら赤貧の中で野球を続けていた。

野村は洋平に、かつての自分の姿を重ねていたのである。

少年指導を通じて野村が学んだこと

後に野村は「プロ野球の原点は、少年野球にあり」と語っている。野村の没後に発売された『野村克也全語録　語り継がれる人生哲学』（プレジデント社）から引用したい。

わたし自身にコーチの経験はないが、3年間《ママ》の少年野球の指導者経験は、監督業に大いに役立った。なぜかといえば、「間違えられない」からである。

子どもたちは純粋だから、「元プロ野球選手に教わるのだから間違いない」と頭から信じ切っている。大人はいろいろな情報が頭に詰め込まれていて、自分の考えと異なるとすぐに理屈をこねる。

その点、子どもは疑うことを知らない。だから教えるわたしのほうは正しい努力になるように細心の注意を払ったし、そのためにたくさんの勉強をした。元プロ野球選手というプライドも捨てて、真摯に教えることを心掛けたのである。

それまでは全国を飛び回っていた講演活動もセーブするようにした。毎週、火曜、木曜は神宮室内練習場に顔を出し、週末の土曜、日曜は多摩川グラウンドを中心に試合を行った。チームとしては月謝として3000円を徴収していた。多摩川グラウンド、神宮球場の室内練習場、それぞれの使用料は野村が負担していた。

自身は何も報酬を得ることはなかった。野村にとっては「野球界への恩返し」という意味合いもあった。この頃、野村は少年たちにこんなことを言っていたという。

「オレは野球でいい思いをしたから、野球に恩返しをしたいんだ」

こうした思いに加え、目の前で泥だらけになって白球を追いかけている少年たちが、ぐんぐん育っていく姿を見守ることにやりがいを覚えていた。再び、前掲書から引用したい。

そんな子どもたちを指導していると、本当に大事なことにいろいろと気づかされる。わたしの話を聞く彼らの目を見ていると、こちらが発した言葉が彼らの胸に刺さっていくのが顕著にわかるのだ。わたしを信頼し切って疑わない姿がそこにあるといっていいだろう。やはりチームというのは、監督と選手の信頼関係がすべてだとあらためて気づかされたものだ。「プロ野球の原点は、少年野球にあり」である。

妻でありオーナーでもある沙知代は、この当時の野村の心境を自著『女は賢く　妻は可愛く』（海竜社）で、次のように紹介している。

主人が言うには、たとえば、少年野球なら、まず当人の「野球が好きだ」という気持ちがいちばん大事で、上手・下手というのはその後からついてくる。小学生のときから筋がいい、才能があると言われる子どもよりも、「三度の飯より、何しろ野球が好きだ」という、むしろあまり器用ではない子どものほうが、教える側の楽しみも大きく、指導のし甲斐もあり、結果的にはいい選手に育つものだ、ということです。

あるいは、『女が人生を前向きに生きるための「明日じたく」』（大和書房）では、当時の野村のこんな言葉も紹介している。

「子どもは、ほんま、ええもんやなあ！　教えることを素直に受けとめてくれる。吸収が速いから、教えるたびにどんどんよくなっていく。子どもたちを教えていたほうがプロ野球の監督よりもよっぽど楽しい」

野村はムースでの指導に生きがいを見出していたのだ。

「感動すれば、人は動く」

当時3年生だった稲坂祐史、1年生だった藤森則夫がともに口にしたエピソードがある。それが第一章で述べたように、チーム発足間もない頃、少年たちの前で披露した野村の「雄姿」

だった。

「その日、野村監督がいきなり、〝今日はバッティングを教えてやる〟と言って、金属バットを持って打撃ケージに入りました。僕たちは周りからそれを見ていました。そうしたら、全部ホームランを打ったんです。本当に全球ですよ。あれは衝撃的でした」

興奮気味の祐史の口調が、その衝撃度を物語っている。藤森も口をそろえる。

「あるとき、野村さんがいきなり、〝オレが見本を見せたるわ〟みたいな感じでジャージ姿で打席に立ちました。ピッチャーはコーチが務めていたと思います。そうしたら、ガンガン放り込むんです。すごく軽く振っているのに、打球は遠くまで飛んでいく。〝あ、こんなスイングで入るんだ〟ってすごく驚きました」

この日以降、祐史も、藤森も、もちろん他の少年たちも、野村に対する尊敬の念が一気に高まったのは言うまでもない。

旧姓稲坂から酒巻《さかまき》となり、現在は東京・新宿《しんじゅく》で代々続く焼鳥の名店「鳥茂《とりしげ》」の三代目を務める祐史が言う。

「その瞬間から、〝あ、この人についていけば間違いないんだ〟って思いました。それまでは普通に《克則の父ちゃん》だったのが、一気に《野村監督》に変わりました。今、自分は経営者ですけれど、経営者と従業員の間には絶対に信頼関係がないと成り立ちません。あのとき、僕ら選手と監督との間に信頼関係が生まれた気がしますね。とにかく、あれは衝撃的でしたよ」

当時の野村は50代前半だった。ボソボソしゃべるおなじみの「ノムさん節」からは想像できない、アスリートとしての圧倒的なパフォーマンスでこのとき、少年たちの心を一気につかむことに成功した。

『野村克也全語録』には「感動すれば、人は自然と動く」と題してこんな一節もある。

感動は人を変える根源である。
感動はプラスの暗示をもたらす。
人はマイナスのことには感動しないものだ。逆に、感動すれば自然と動くようになる。「感動」とは読んで字のごとく、「感じて動く」ことなのだ。

後にプロ野球の監督に復帰した際に、野村は「言葉」を駆使して、選手たちに感動を与えることを心がけていた。しかし、その前夜となる港東ムース時代には、自らの身体を使った「パフォーマンス」で少年たちに感動を与えたのだ。

少年たちの姿から学ぶことはとても多かった。この時期は、野村にとってＮＰＢ復帰に向けての下準備が着々となされていた時期でもあった。

野村もまた、この時期に多くのことを学んでいた。

初めての全国大会は無念の二回戦負け

克則たちにとって、中学時代最後の夏がやってきた。

関東大会を勝ち抜いた港東ムースは、「第16回日本リトルシニア野球全日本選手権」に駒を進めた。この大会は北海道、東北、関東、信越、関西、九州の各連盟に、発足したばかりの東海連盟を加えた７連盟に所属する３０４チームの激しい戦いを制した24チームがトーナメント方式で戦い、日本一を決めるものだった。

野村克也率いる港東ムースは関東連盟代表として、初の全国大会に出場することになった。

朝日学生新聞社が発行する『朝日中学生ウィークリー』（88年8月28日付）にはこんな記述がある。

今大会のみどころは、優勝候補の八王子と枚方の争いと、野球解説者の野村克也さんが監督をする結成一年目の港東がどんな戦い方をするかにあった。

各方面からの注目を浴びて臨んだ大会だった。港東ムースは初戦の旭川中央《あさひかわ》（北海道連盟）に4対1で勝利した。しかし、続く仙台東部《せんだい》（東北連盟）に惜敗する。再び、前掲紙から引用したい。

港東は二回戦で仙台東部に逆転負け、「いままでの野球生活の中で、シニアの監督が一番むずかしい」という野村監督の感想を残し、さっていった。

この記事にあるように、仙台東部との一戦は試合序盤のリードを守れず、野村監督率いる港東ムースは4対6で逆転負けを喫した。克則がこの試合を振り返る。

「1試合目に勝って、2試合目に島田《しまだ》（博司《ひろし》）っていう左ピッチャーを投げさせたんです。途中まで勝っていたんだけど、仙台東部の四番バッターのスズキシノブって選手に逆転ホームラン打たれたんですよ。……僕の記憶力、すごいでしょ（笑）」

克則はさらに続ける。

「相手が押せ押せになってきて、たぶん監督もちょっと迷ってたと思うんですけど、次の試合のことも考えちゃったみたいなんです。〝ここを乗り切れば〟って思ったときにガーンって逆転弾を喰《く》らって……。後に監督も、投手起用についてすごく悔やんでいましたね……」

稲坂祐史は試合後のミーティングについて、ハッキリと記憶していた。

「野村監督はみんなの前で、〝私の采配《さいはい》ミスだ。申し訳ない〟って言っていました。投手起用でエースを温存したことを謝っていました。監督も、〝もっといける〟って自信があったと思うんです。実力的にはうちの方が上だったんで、それは悔しかったんじゃないですか。だって勝負師ですから。僕らも、まさか、負けるとは思っていなくて……。でも、やっぱり油断したら負けますよ。自分たちにもそういう気持ちがあったから、負けてしまったんだと今なら思えるんです」

中学生を前に、野村は「私のせいだ」と頭を下げた。このとき、傍らで見ていた沙知代夫人が「そうよ、アンタのせいよ」と大きな声を出した。

その瞬間、いつにない強い口調で野村は言った。

「お前は黙ってろ！」

普段見せないすごい剣幕に、沙知代夫人も口をつぐんだという。

一連の野村夫婦のやり取り、いや、オーナーと監督のやり取りについて、この現場にいた多くの少年たちがハッキリと記憶していた。それだけインパクトの強い場面だった。

ある意味では息子・克則の「最後の夏」に向けて、野村夫妻の尽力で誕生した港東ムースの「最初の夏」は悔しい結果に終わった。

克則は堀越《ほりこし》高校に進学し、幼い頃からの憧れである甲子園を目指すことを決めた。

一方の野村克也は、強い思いで臥薪嘗胆《がしんしょうたん》を誓っていた。「勝負師」である野村が、このまま手をこまねいているはずはなかった。チーム強化のために、ここからさらに本腰を入れて少年野球指導に乗り出すことになる――。

第三章

少年たちに伝授する「野村の教え」

新人選手とともに迎える創設2年目

1988（昭和63）年、初秋——。

創設初年度は何とか無事に終えた。

野村克則、稲坂祐史ら、第1期の3年生はチームを去り、2年生、1年生を中心とした新チームがスタートしていた。チーム誕生のゴタゴタの中で、2年生は数人しかいなかった。強豪チームとして活動していくためには、実力のある新1年生の入部が不可欠だった。

ちょうどそんな時期に、野口晃生《のぐちあきお》は初めて野村克也と対面した。

「小学生の頃、リトルリーグに在籍していたんですけど、6年生の秋、〝次のチームをどうしようか？〟ということで、港東ムースの見学に行きました。神宮の室内練習場でした。そのときに初めて野村監督と沙知代さんにお会いしました。このときは、何となく名前を知っている、その程度でした」

小学生の頃は野球に夢中になっていた野口だったが、そもそも中学校では野球をやるつもりはなかった。きっかけはささいなことだった。

「あるとき、姉と口喧嘩《くちげんか》になりました。原因は覚えていません。このとき、姉と言い合いをしているうちに、野球の話になったんです。それで、話の流れから私が〝オレは野球をやらされてるんだよ!〟って言ってしまったんです。そうしたら、それを聞いたうちの親父が飛んできて、〝お前、どれだけ多くの人にお世話になってきたと思ってるんだ?　もう、野球なんか辞めちまえ!〟と、こっぴどく叱られました……」

勢いで「やらされている」と口走ってしまったものの、小学生時代に「リトルリーグを始めたい」と言ったのは野口の意思だった。指導者による体罰の厳しいチームだったため、「中学に行ったら、もっとのびのびプレーしたい」という思いも抱いていた。父親の言う通り、多くの人たちの協力の下、野球ができていることも実感していた。

自分が野球を続けることは、こうした人たちの思いに応《こた》えることでもあるのだということを本心では理解していた。いろいろな人の世話になった以上、中学でも野球を続けるべきなのだということは少年なりにわかっていた。

(やっぱり、これからも野球をやりたい……)

こうして、父の許しを得て、彼は港東ムースの練習会に参加し、クリスマスの頃にはすでに先輩たちとの練習に加わるようになっていた。機敏に内野ゴロを処理する姿に野村はほれ込んだ。入団早々、野口に対して非凡なものを見出《みいだ》していた。

初めて与えられた背番号は《46》で、おそらく46番目の入団だった。ベンチ入りを許された

25名の選手、通称「ブルー組」だけが着ることを許された青いユニフォームに、野口はすぐに憧《あこが》れた。

心身ともに急激な成長曲線を描くこの時期。1学年の違いはとても大きかった。まだ小学6年生だった野口と先輩たちを比較すると、体格も考え方も、もちろん技術も大きな差があった。だからこそ、真っ白いユニフォームの背番号《46》をまとった野口は、「自分も早く上手になって《ブルー組》に入るぞ」と誓っていた。

がむしゃらに白球を追いかけているうちに、気がつけば1年生ながら主力選手たちとノックを受ける機会が増えていた。《白組》コーチからの推薦もあった。何よりも、野村がその実力を認めていた。少しずつ、野村とのやり取りも増えていく。

多摩川グラウンドでの練習試合終了後、選手たちに向かって野村が、その日の反省点を列挙しているシーンが今でも忘れられない。

「試合が終わってすぐ、野村監督のミーティングが始まりました。当時は監督も立ったまま選手たちに向かって話していました。その日の試合のポイント、反省点について、ワンプレー、ワンプレー気になった点についてです。スコアブックもノートも何も見ることなく、〝3回裏のあの場面の3球目は……〟と、当事者も覚えていないようなことを詳細に話していました。印象としては30分から40分は話していたように思います。このミーティングを通じて、自分たちもいろいろなことを覚えていきました」

港東ムース入団早々、野口は野村の実力を目の当たりにし、「この人についていけば、僕も上手になれるはずだ」という思いを抱いていた。

その後、成人してからも野村との関係は続くことになる。高校時代は野村の息子・克則と同じ堀越高校で野球を続け、社会人野球では野村が監督を務めていたシダックスでプレーした。

その関係性の始まりはこのときだったのである。

一方の野村も、ムース監督2年目を迎え、少年たちの指導に磨きをかけていた。チーム内に少しずつ「野村の教え」を注入すべく奮闘していたのだ。

実戦に即した具体的な「野村の教え」

全国大会での優勝を目指して臥薪嘗胆《がしんしょうたん》を期していた野村は、この頃、さまざまなことを少年たちに教えている。

ある日の神宮室内練習場でのことだ。このとき野村が指導していたのは「無死一、二塁の場面。バントシフトの際に確実に三塁でアウトにする方法」だった。相手が確実に送りバントをしてくるという場面、守備側としては何としてでもサードで封殺したい。

その際に野村が指導したのはこんなことだ。

入団後すぐに、野村の自著である『野球は頭でするもんだ』（朝日新聞出版）を入手して熟読していた平井祐二の説明を聞こう。

「ノーアウトで、相手走者が一塁と二塁にいるとします。ピッチャーがセットポジションに入ると同時に、ファーストとサードが、〝（バントを）やらせろー！〟と、バッターに向かってダッシュをします。セカンドは一塁ベースにカバーに走ります。このときのポイントはピッチャーがカバーに入ったショートを目がけて逆ターンで二塁に牽制《けんせい》球を投げることです。これが《第一弾》です……」

一塁手と三塁手がホーム方向に猛然とダッシュしてくる。一方で二塁手は定石通りにがら空きとなったファーストベースのカバーに入る。平井の言う「第一弾」の続き、すなわち「第二弾」を聞こう。

「……この牽制では別に走者をアウトにするつもりはなくて、単なる《エサ撒《ま》き》です。あわよくばアウトになればいいけど、別にアウトにならなくても構わない。で、次にポイントとなるのが、２球目も同様に牽制のそぶりを見せて、今度は打者に向かってバントをしやすいど真ん中に絶好球を投げること。これが《第二弾》です……」

「第一弾」では、実際に牽制球を投げた。しかし、「第二弾」では打者に投じる。ここで重要となるのは「ショートの動き」だった。

「最初の牽制ではショートはセカンドベースに入りました。でも、《第二弾》では、ショートはセカンドカバーには行かずに、サードベースのカバーに走ります。で、ピッチャーは《第一弾》同様にちょっと回転を入れつつ、セカンドに牽制するふりをしてホームに投げるんです。こうすれば、二塁走者は確実にスタートが遅れます。そこに、打者にとってバントのしやすい甘いボールが来る。走者のスタートが遅れているのに、打者としては絶好球だから〝しめた！〟と思ってバントをする。かなりの確率で二塁走者は三塁でアウトになりました」

平井はさらに実例を挙げる。

「相手が左ピッチャーで、こちらが一塁、三塁のチャンスでどうしても1点がほしいときには、一塁ランナーが途中でワザと転んで一、二塁間で挟まれて相手内野陣をかく乱している間に、三塁ランナーがホームを目指すというサインプレーもありました。後に、ヤクルトの選手たちがこのプレーをしているのを見たときには、〝あっ、自分たちと同じことをやってる〟と思ったことを覚えています」

これは、策としてはシンプルなものだった。

攻撃をしているケースで、例えば二死一、三塁だとしよう。九番打者が打席に入り、得点の見込みは薄い。そんな場面で野村が試みたのは、「一塁走者の偽走」だった。

「ここでのポイントは相手が左ピッチャーであるということです。基本はダブルスチールなんですけど、少しだけ一塁ランナーが早めにスタートを切ります。そこでワザと転ぶんです。完全な芝居です。このとき、三塁ランナーはすぐにホームにダッシュを切れる態勢を整えておきます。ピッチャーとしては、自分の目の前でランナーがコケてしまっているから、本能的に一塁に投げます。その瞬間に、三塁ランナーはすぐにスタートを切る。そして、一塁ランナーが一、二塁間で挟まれている間に得点を奪うという作戦でした」

一塁走者がランダウンプレーで時間を稼いでいる間に、何とか得点を奪うという苦肉の策でもあった。

「面白かったのは、あの野村監督が真剣な表情で転ぶ演技を実演してくれたことです（笑）。練習中は、〝こんなので相手をだませるの？〟と思うんですけど、意外にも試合では結構、決まりました。これも忘れられないサインプレーでした」

真剣な表情で野村が「演技指導」をしている。すぐに少年たちも実践する。野村が言う。

「いいか、すぐに転んじゃダメだぞ。少しスタートを切ってから転ぶんだ」

少年たちは和気あいあいと転ぶ練習に興じている。すると、傍らで見ていた沙知代オーナーからの叱咤《しった》激励が飛んでくる。

「洋平、ワザとらしいんだよ！　もっと自然に転べ！」

名指しされた洋平は照れた笑いを浮かべている。和やかなムードでありながら、「1点でも多く点を奪うには？」という貪欲《どんよく》な姿勢は、少しずつチームに浸透していった。

徹底していた「適材適所」の教え

さらに野村は「適材適所」についても、少年たちに説いていた。

バットコントロールにすぐれ、バットに当てることで持ち前の俊足を存分に生かしていた稲坂匠は、常に「一番打者は塁に出ろ」と指導されていた。

「野村監督からは、〝とにかく何でもいいからお前は塁に出ろ〟と言われていました。第1打席に入る前に、監督から〝相手はここを攻めてくるから、きちんと張っておくんだぞ〟と言われました。そして、実際にその通りのボールがきました。ムースに入ってすぐにキャッチャーをやったことで、僕自身もかなり配球を読めるようになっていたので、読みで打ったヒットもたくさんあったと思います」

後に二番打者を任されることになる平井祐二は言う。

「本当に匠はよく打ちました。今となっては正確な数字はわからないけど、出塁率は7割、いや8割ぐらいあったような気がします。気がつけばいつも一塁にいる。そして、すぐに盗塁をしました。試合が始まってすぐにノーアウト二塁です。この場面では、野村監督はバントのサインは出しません。右打ちの指示が出ます。だから、僕はずっと右打ちの練習をしていたし、セカンドゴロとなっても匠が三塁に進むことができれば、監督からは褒められました」

さらに、当時の「実感」について平井は語る。

「僕らの代では、匠が塁に出て、すぐに盗塁する。僕が進塁打を打って一死三塁。その後、三番の（田中）洋平、四番の紀田《きだ》（彰一《しょういち》）のどちらかが打って先取点を挙げる。なんか、〝1点を取るのはすごく簡単だな〟という実感がありましたね」

このとき、平井は野村にこんな注意を受けている。

「二番打者だからといって、小技ばかりじゃダメなんだぞ」

この言葉の意味を平井に解説してもらおう。

「さっきも言ったように、二番バッターって、どうしても犠牲バントや進塁打など、《小技》というイメージが強いんですけど、野村監督には〝それだけじゃダメなんだ〟と言われました。

ときにはきちんと長打も打てる。そんな意識も必要だと教わりました。そして、今でも強く覚えているのは、〝《打点》じゃダメなんだ、大切なのは《打線》なんだ〟という言葉です」

一人一人の打者が個別に存在する「打点」ではなく、全員がそれぞれの役割をまっとうして有機的なつながりを持つ「打線」であることの重要性を野村は説いていた。

リードオフマンを託されていた稲坂も口をそろえる。

「僕のような一番打者だけではなく、〝各打者にそれぞれの役割がある〟と、監督はいつも言っていたし、それは特に徹底されていました」

第二章でも紹介した『野村克也全語録』には、こんな一節がある。

【適材適所は、才能集団にまさる】

野球の打順には意味がある。単にレギュラー選手を調子のいい順番や長打力のある順番に並べているわけではない。

より得点能力が高まるように、前後の打者とのつながりを考えて並べているのだ。だから「打線」といわれる。線になることで、より相手バッテリーにプレッシャーをかけることになる。

まさに、港東ムース時代に少年たちに説いていたことである。

ヤクルト監督に就任後、選手たちを前にして野村はこんな考えを披瀝《ひれき》している。当時の選手から入手した「野村ノート」より抜粋してご紹介したい。

【打順の適性と打順の考え方】

一番打者……出塁率が高い。ミートがうまく三振が少ない。バントがうまい。緻密《ちみつ》で自制心がある。

二番打者……バントがうまい。バットコントロールがよく右方向に打てる。追い込まれても苦にしない。足も速い方がよい。自己犠牲を努めてできる。

三番打者……長打力があり、高打率を安定して残せる。責任感も強い。

四番打者……チームで極めて信頼がある。長打力があり、必要に応じて単打も打て、勝負強い。自己顕示欲が強く、責任感も強い。

五番打者……四番打者を生かせる好打者。長打力があり、勝負強い。

六番・七番打者……意外性。型破り。走者を置いて打席に立つことが多いから小型の四番打者。

八番・九番打者……九番に投手が入るケースが多いから次打者に代打が出るかどうか確認す

る習慣を持つ。二死走者なしでも出塁する努力をせよ。

改めて見ると、「一番・稲坂匠、二番・平井祐二、三番・田中洋平」と並ぶ同級生トリオは、まさに野村の考える理想の「打線」だったということがよく理解できる。

洋平に伝授した「野村流・名捕手育成術」

キャッチャーとして薫陶を受けていた洋平が「野村の教え」を披露する。

「僕が覚えているのは《フラッシュ牽制》です。今となっては一般的ですけど、今から30年以上も前のことですから、当時としては斬新《ざんしん》な作戦だったと思います」

洋平の口にした「フラッシュ牽制」とは、キャッチャーが構えていたミットをバタッと閉じた瞬間に投手は牽制球を投じ、野手はベースカバーに入ってアウトを狙う作戦だ。

「この作戦は野手の守備位置に応じてリードを広げたり、抑えたりするような、次の塁への意識が高いランナーには効果がありました。ショートは、ワザとベースから離れた位置に立って、フラッシュでサインを出すタイミングに合わせてセカンドベースカバーに入る。投手はそのタイミングに合わせて牽制球を投げる。サインとしては単純なんだけど、意外とアウトにすることができて驚きました」

ポイントは「次の塁への走塁意識が高いランナーのとき」に、「ショートがベースカバーに入るかどうかのタイミングでサインを出すこと」だと洋平は言う。

「もう一つ大切なのは、このサインが出たときには〝ピッチャーは牽制のそぶりを見せない〟ということでした。少しでも牽制のそぶりを見せてしまうと、その分ランナーのリードも小さくなってしまいますから、その点はピッチャーにもかなり意識を徹底していました」

室内練習場では実戦形式で何度も何度も「フラッシュ牽制」の練習を繰り返した。次第に洋平はコツをつかんでいく。

「二塁ランナーがこれぐらいのリードをしているときには、ショートがベースカバーに入って3歩目でサインを出せばいい。逆にこの距離ならば2歩目でサインを出す。何度も何度も繰り返しているうちに、そんなことをマスターしていきました」

このとき野村は選手たちにこんなアドバイスも与えている。

「狙うなら、後ろのランナーを狙え」

例えば、「走者二、三塁」の場面――。

三塁走者は牽制球に対して万全の注意を払っている。一方の二塁走者は「何としてでもワンヒットで自分もホームに生還しよう」という思いが強いあまり、普段よりも意識は前のめりとなり、その分リードも大きくなる。だから、「後ろのランナーこそ刺せる可能性が高くなる」、と説いたのだ。

あるいは、「走者一、二塁」の場面でも同様だった。

前のランナーが進まない限りは、自分は先の塁には進めない。つまり、一塁走者は相手投手よりも、味方である二塁走者に対して強い意識を抱きがちだった。さらに、一塁手はあえてベースから離れてバントシフトを敷くふりをしている。ますます油断も大きくなる。

少年たちは「知的興奮」を覚えていた。「野村の教え」は「技術」に加えて、「相手チームの隙をいかにして突くか？」という「心理戦」の様相を呈していたからだ。

初めて聞く「野村の教え」はすぐに成果となって現れた。

チーム分裂騒動により、元々在籍人数の少なかった《2期生》の3年生はもちろん、洋平、藤森、平井、稲坂たち《3期生》である2年生も急成長を遂げていた。

初めて知ることがすぐに結果となる。

こうして、少年たちはますます野村のことを尊敬していくのである。

新チーム発足、田中洋平キャプテン誕生

チーム誕生から2年目を迎えた1989（昭和64／平成元）年——。

個々の選手たちは急成長を遂げていたものの、チーム力はなかなか上がらなかった。

春の大会、夏の大会でも結果を残すことはできず、創設初年度で実現した全国大会出場もならなかった。

前年にチームが分裂して港東ムースは誕生したが、すでに旧チームで1年間プレーしていた2年生部員は環境を変えることに抵抗を感じたためなのか、港東ムースへの移籍者が少なく、目黒東シニアに残る者も多かった。そのため、どうしても戦力的に手薄であることは否めなかった。

発足と同時にムースに入団し、「野村の教え」を間近で受け続けた新2年生、そして一から野村の下に集まった新1年生を中心に89年秋、「三代目」となる新チームが誕生した。

キャプテンに指名されたのは田中洋平だった。

「立候補したわけでもないし、選挙があったわけでもないし、どういう経緯でキャプテンになったのかは覚えていません。でも、2年生になった頃から野村監督にも沙知代オーナーにも、

〝洋平がみんなをまとめろ〟とか、〝みんなを引っ張るのがお前の役割だ〟と何度も言われていたので、自分でも〝(キャプテンに)なるんだろうな〟という思いがあったのは事実ですね」

洋平とバッテリーを組んでいた藤森則夫が言う。

「彼はキャプテンシーというのか、みんなをまとめる力がすごくありました。野村監督はキャッチャーに厳しかったから、試合中も必ずすぐ近くに座らされて、みっちりとインサイドワークを教え込まれていました。だから、僕の中でも、〝洋平がキャプテンになるだろう〟という思いはあったし、みんながそう思っていたと思います」

同じく、チームメイトだった平井祐二も振り返る。

「2年生の頃から試合に出ていたのは洋平と匠ぐらいでしたし、彼は元々、チームの中心的存在でした。だから、自然の流れで洋平がキャプテンになったし、それについては誰も違和感はなかったと思いますよ」

キャプテンとして、そして扇の要《かなめ》として、洋平の果たすべき役割は大きくなった。

オーナーを務める沙知代夫人はそもそも厳しかったが、キャプテン就任後、さらにその厳しさを増した。洋平が振り返る。

「とにかく大変だったのは、試合時の移動や、グラウンドでの整列でした。元々、オーナーはあいさつとか礼儀に厳しかったんですけど、キャプテンになってからはいつも、〝お前がしっかりしないからだ！〟と怒鳴られていました。整列の仕方、歩き方、いろいろ注意ばかり受けていました」

少しでも礼儀作法がなっていなければ、容赦なく罵声《ばせい》が飛んだ。ときにはゴツい指輪をはめた手で拳骨《げんこつ》を喰《く》らうこともあった。そのたびに洋平は歯を食いしばって耐えていた。

89年9月13日――。

新キャプテンとしての大仕事は、まずはグラウンド外から始まった。それは、「野村克也さんの野球殿堂入りを祝う会」での祝賀コメント発表という大役だった。

会場となったホテルオークラには、このパーティーの世話人を務める金田正一《かねだまさいち》、長嶋茂雄、そして王貞治ら、球界を代表するスター、政財界の大物たちが集っていた。

壇上の野村が、はにかみながらあいさつをする。

「晴れがましい舞台が似合わない男だと思っていたから、マスクで顔を隠してスタンドに背を向ける仕事をしてきたのに、この晴れがましさに面喰らっています……」

ロッテ時代には「監督と選手」ではあったものの、現役時代には一度も同じチームになったことのない金田が「一番投げやすいキャッチャーだった」と祝辞を述べ、王が「45歳まで野球を続けた、その情熱に改めて敬意を表したい」と生真面目にあいさつすると、長嶋は「キャッチャーはサインを出さなければいけないし、傷だらけにもなる。何よりも面倒くさい。僕にはとてもできません」と、出席者の笑いを誘った。

和気あいあいと和やかなムードで会が進行する中で、ただ一人だけ言い知れない緊張感に包まれていたのがキャプテンの洋平だった。

「僕らムースのメンバーはオーナーの発案でサプライズでの登場ということになって、早めに会場入りして、会の間はずっと別室で控えていました。自分はキャプテンということで、突然、あいさつをすることになりました……」

港東ムースの選手たちの控室には続々と会場で供されている豪華な料理が運ばれてくる。洋平を除くメンバーたちは、普段見慣れぬごちそうを次から次へと平らげていく。しかし、洋平だけは、この後に控える「大役」を前にして、まったく食欲がわかなかった。

「慌てて、あいさつの文面を考えて、ひたすらそれを暗記していました。別にメモを見ながらスピーチしてもいいんだけど、〝見ながらしゃべるのはカッコ悪いよな〟と思って、何も見ずに話すことを決めました。文章を紙に書いて、それをみんなに聞いてもらいながら何十回も練習しました。とても食事に手を伸ばす余裕なんてなかったです」

そして出番が訪れる。司会者にうながされ、登壇した瞬間、頭が真っ白になった。

「パッと見たら、そこに王さん、長嶋さん、金田さんの姿がありました。江夏（豊）さんの姿もありました。その瞬間、頭が真っ白になってせっかく覚えたあいさつの言葉もすっかり飛んでしまいました。後ろに控えていたメンバーが、その内容を覚えていてくれたので、ところどころ助け舟を出してもらったおかげで、何とかその場を乗り切ることはできたけど、本当にあのときはパニックになりました。おかげで、せっかくのごちそうは何も食べていません（笑）」

まるで昨日のことのように、洋平は笑顔で振り返った。

野村克也、ヤクルト監督就任へ！

89年9月――。

シニアリーグ・東東京支部秋季大会に向けてのブロック予選が始まった。城南ブロックに所属する港東ムースは順調に勝ち進んでいく。その原動力となったのはエース・藤森則夫と、キャプテンであり女房役でもある田中洋平のバッテリーだった。

城南ブロックの決勝戦は港東ムース対城南品川となった。この試合に先発した藤森はこの日も絶好調で相手打線をまったく寄せつけない。

一方、港東ムース打線は初回から猛打が爆発して、初回に9得点を挙げ、2回に4点、3回に一挙11点を奪い、3回終了時点で24対0と一方的に攻め立て、4回コールドで文句なく文部大会への出場を決めた。

　この試合のことを鮮烈に記憶しているのが井端弘和だ。

　後に中日ドラゴンズに入団し、球界を代表する名内野手となる井端は、中学進学時に港東ムースに進むかどうか悩んでいたことはすでに述べた。そして、熟慮の末に入団したのが、この日の相手チームである城南品川だった。

「僕らのチームはとても弱かったんです。僕が1年生のときにはわずか2勝しかできませんでした。正確な成績は覚えていないけど、年間で2勝17敗とか、その程度の成績しか挙げられませんでした。ただ、僕らが2年生になって新チームが誕生する頃には、リトル時代に活躍していた選手たちも台頭してきて、少しずつ相手チームを脅かす存在にはなっていました。でも、このとき港東相手に24対0で負けました。野球人生の中で、最大の点差で負けたのがこの試合でした」

　しかし実はこの日、井端は学校行事の都合でこの試合には出場していない。仲間からの報告を受けて、井端は「とても驚いた」という。

「4回コールドなんて、聞いたことあります？　せめて、5回までは試合が行われるものだと思っていたから、《4回コールド負け》と聞いて、とても驚きました。同時に、〝よかった、行かなくて……〟とも思いましたね（笑）」

新チーム体制になって幸先《さいさき》のいいスタートを切った。10月15日から始まる関東連盟秋季大会に向けて、最後の調整をしていけばいい。

そんな矢先にビッグニュースが飛び込んできた。

野村克也、ヤクルト監督就任へ――。

今まで自分たちを指導してくれた野村が、プロ野球の監督となることが決まったのだ。港東ムースメンバーたちに動揺が走った。

80年シーズン限りで西武ライオンズを退団して、野村は評論家活動を始めていた。日々の講演活動も軌道に乗り、港東ムースの監督業も加わり、多忙を極めていた。

それでも、「いつか指導者として、もう一度プロのユニフォームを着たい」という思いも野村の胸の内には燃え盛っていた。長男・克晃――後の団野村――が、この当時の野村の心境について解説する。

「ちょうどその頃、私の母・サッチーと〝そろそろ、どこかのチームで監督をしてもらいたいよね〟と話していました。実はその頃、僕はヤクルトと親しくさせていただいていて、当時の球団社長の相馬《そうま》（和夫《かずお》）さんとお食事をする機会がありました。このとき、ヤクルトの次期監督として〝野村監督はどうですか？〟なんて話をしました……」

団からの申し出を受けて、相馬球団社長は「本当に可能性はあるのか？」と前向きな姿勢を見せたという。この流れを受けて、団は野村に伝えた。

「当初、野村監督は、〝オレはもうプロ野球には戻れないだろう〟と言っていました。それでも、相馬社長が〝ぜひ会いたい〟ということで、シーズン途中の8月、いや9月かな？　いずれにしてもシーズン中に相馬さんが自宅を訪ねて、〝ぜひ来年、監督を〟と申し出たところ、監督は二つ返事はせずに、〝ちょっと考えさせていただきます〟と答えていました」

本心では「プロ球界に復帰を」という思いが強かった。しかし、野村の内心には「ある気がかり」があった。団の述懐は続く。

「このとき監督から、〝オレが監督をやったら、またサッチーがしゃしゃり出て、いろいろ問題を起こすんじゃないかな？〟と相談を受けました。それで、サッチーとも話をしたんです……」

入団以来、24年間袖《そで》を通した南海ホークスのユニフォームに別れを告げるきっかけとなったのは、再婚する前の沙知代の「現場介入」が原因だと言われていた。その二の舞はどうしても避けたかった。

沙知代も交えた話し合いの結果、「とにかく表には出てこない」ということで意見の一致を見た。そして、野村は相馬からの申し出を受諾することを決めた。


しかし、もう一点、大事な問題が残っていた。

自ら立ち上げた港東ムースの「後継監督問題」である。団は言う。

「監督がヤクルトにお世話になれば、当然、港東の監督がいなくなります。当時、僕はアメリカを拠点にしつつも、港東の練習にはちょくちょく顔を出していたから、監督に〝お前がやれ〟って言われて、僕が次期監督としてムースを任されることになりました」

それはまさに、急転直下の監督交代劇だった。

後任監督・団野村から見た「ＩＤ野球」

野村克晃——後の団野村——は78年から81年までヤクルトに在籍していた。
母・沙知代の再婚により、野村克也とは継父、継子の関係となった。当時、団はアメリカにも拠点を持ち、日本とアメリカを往復していた。野村のことを、団は敬意を込めて「監督」と呼んでいる。当時の心境を振り返ってもらった。

「アメリカと行ったり来たりしていたので、週に4回の港東の練習や試合すべてに参加することはできませんでした。でも、少しずつ日本にいる時間を増やしていき、港東を理由に日本に滞在するようにしていました。僕が引き受ける以前にも港東の練習には参加していましたけど、監督の後を引き継ぐということで、かなり責任は感じていました。〝変な野球はできないぞ〟という思いでした」

日本滞在中、港東ムースの練習に顔を出す。野村がとても熱心に、そして基本に忠実に指導していたことをよく記憶している。

「監督の指導は基本、簡単なことをきっちりと教える指導法でした。例えば、ピッチングであれば、〝1球目を大切にしろ〟とよく言っていました。練習でも、ただ漫然と投げるのではなく、常に試合を想定して目標、課題を持って取り組むことを求めていました。要するに、《試合のための練習》であって、《練習のための練習》を嫌っていました」

ブルペンでは力いっぱい、気持ちよく投げることが目的ではなく、常に試合のイメージを持ち、相手打者を仮想し、具体的なシチュエーションを想定した上で、「ゴロを打たせるにはどこに投げるか？」「空振りを奪うにはどうすればいいのか？」と考えることを選手たちに求めた。

「それは、バッティングに関しても同じです。ただ気持ちよく打つだけではなく、例えば、ランナーが二塁にいる、右方向にゴロを打つにはどうすればいいのか？　あるいはバントをするにしても、この場面は一塁方向に転がした方がいいのか、それとも三塁側がいいのか？　いずれにしても、選手たちには〝実戦を想定して、頭を使え〟ということを強く求めていました。そして、自分もそれは引き継がせてもらいました」

ヤクルト監督就任時、野村は「ＩＤ（データ重視）野球」を掲げた。港東ムース時代にも、その萌芽《ほうが》はあったのだろうか？

「当時の港東では、いわゆる《野村ノート》のような、紙に書かれたものはありませんでした。でも、監督はデータを集めるのが好きで、ピッチングの際の相手打者への攻め方やバッティングの際の配球の読み方、あるいは相手打者の打球傾向についてはデータを取っていました。後に港東は全国大会４連覇を実現しますが、それは当時の少年野球の中ではかなり画期的な野球をしていたからだと思います」

詳しくは第七章で後述するが、港東ムースは現在でも破られていない「全国大会４連覇」を成し遂げている。この大偉業の要因となったのは「野村の教え」だった。

「さっきも言ったように、〝監督の後を引き継ぐからには下手な野球はできないぞ〟と思っていたので、その後も監督には何度も会ったり、電話をしたりして、いろいろなことを相談していました」


89年10月19日──。

東京・新橋《しんばし》のヤクルト本社にて、野村のヤクルト監督就任記者会見が行われた。当時としては球界トップクラスとなる8000万円の年俸提示を受け、現役引退から9年ぶりとなるNPB復帰を果たした。

しかし、野村の表情は晴れなかった。

「ヤクルト球団から、本当に自分が必要だと……、〝野村に断られたら困るんだ〟という、このひと言が非常にききましで……。大変なことを仰せつかったなと思うんですが、正直言ってまったく自信はありません。まぁ、ひと言でいえばヤクルトの野球というのは非常に大味に、私には映ってくるというのが、ヤクルトの印象であるわけです。まず毎晩、ミーティングというよりは研修会、これは毎日つき合ってもらいます……」

1980年代のヤクルトはずっと低迷していた。

80年代後半になってようやく、広沢克己《ひろさわかつみ》（広澤克実）、池山隆寛《いけやまたかひろ》の「イケトラコンビ」が台頭し、人気を博していたものの、野村が言うように、「ホームランか、三振か」という大味な野球を展開していたのは事実だった。

この発言において注目すべきは、この時点ですでに野村は、後の代名詞となる「長時間ミーティング」を宣言していることだ。「自信がない」と口にした野村は、自らの武器である「ID野球」とともに再びプロ野球の世界に戻ってきた。

この記者会見の4日前となる15日には、日本リトルシニア野球関東連盟の秋季大会が始まっていた。少年たちにとっては、この大会が野村とともに戦う最後の日々となる。

「僕たちの野村監督が、プロ野球の監督になる」という喜びと誇りを感じる一方、どうしても一抹の寂しさも拭《ぬぐ》い切れなかった。

突然の「ヤクルト監督就任」報道を受けて、選手たちの間にはとまどいが走った。

野村がヤクルト監督に就任するまで、残された期間はあとわずかだった。最後の晴れ舞台となるのが関東連盟秋季大会。これが、田中洋平キャプテン率いる新チームのスタートであると同時に、野村克也との最後の大会でもあった。

期する思いとともに、激戦が始まろうとしていた――。

第四章

野村克也の胴上げ

飯田哲也と髙津臣吾の「原点」

1989（平成元）年10月15日――。

日本リトルシニア野球関東連盟による秋季大会が開幕した。田中洋平がキャプテンとなって臨む初めての関東大会であり、翌年からのヤクルトスワローズ監督就任が決まっていた野村克也が「港東ムース監督」として臨む最後の大会でもあった。

「野村監督とは、僕らが卒業するまで一緒に野球をしたかったです。でも、この大会を最後にヤクルトの監督になることは決まっていたから、〝絶対に野村監督を胴上げしてお別れをするんだ〟という思いはみんなが持っていたと思います」（洋平）

初戦の上尾《あげお》シニア戦は木村義昭《きむらよしあき》の先制タイムリーなどで3対0と快勝する。先発した藤森則夫は5本のヒットを喫するものの堂々たる完封劇を披露した。相手チームの走塁ミスがあったとはいえ、まずは順調な滑り出しだった。試合後に野村は言った。

「今日は相手の暴走に助けられた。ミスをした方が負けるんだ」

続く千葉北シニア戦は港東ムース打線が爆発して4回コールド、11対1で勝利した。

2回表には木村、藤森、そして神尾誠《かみおまこと》の連打で2点を奪って先制すると、なおも無死二、三塁の場面で八番・平井祐二、九番・津坂崇《つさかたかし》が連続でスクイズを決めた。

さらに、3回には2点、4回には5点を奪って勝負を決めた。

チームが誕生して1年7カ月が経過していた。キャプテンの洋平、エースの藤森バッテリーを中心とした中学2年生たちは中学入学と同時に「野村の教え」を受けていた。

「あの野村」が監督を務めるということで、翌年には1年生部員が殺到し、すでに70名を超える大所帯となっていた。1年生には、後に堀越高校、亜細亜大学で活躍する野口晃生、さらに横浜高校から横浜ベイスターズに入団することになる紀田彰一もいた。

選手層も厚くなり、ムースは着々と強豪チームへの道を歩んでいた。


この間、野村は興味深い、2例の「コンバート」を敢行している。

第二章で紹介したように、洋平の幼なじみであり、キャッチャーでもあった稲坂匠をセンターに転向させたのだ。レフトを守っていた平井が言う。

「野村監督は足の速い選手が大好きでした。そこでキャッチャーだった匠をセンターにコンバートしました。匠は肩も強くて足も速いので、それからは一番センターとしてレギュラーに定着しました」

「走力アップ」のために野村が発案した練習を平井は記憶している。

「選手の身体に強力なゴムを巻くんです。ゴムの長さは15メートル、いや20メートルぐらいあったかな？　ゴムの一方はレフトファールグラウンド辺りでもう一人がつかんでいて、ゴムを巻きつけられた選手がセンター方向にどんどん進んでいく。ゴムがピンと張って、もうそれ以上は先に進めないというところで、レフトに向かって走り出します。すると足が追いつかなくて、もつれそうになるほどの速さでレフト側に引き戻されるんです。この練習を何度も繰り返しました。これで実際に足が速くなるわけじゃないんですけど、体感的には確かに速くなった気がしました。その感覚を身体に覚えさせるための練習だったのだと思います」

後に野村は「足と肩は天性のもので鍛えられない」と語っている。この「ゴム練習」でそれを悟ったのか、あるいはそもそもそれを理解した上で、平井の言うように「その感覚を身体に覚えさせるため」に取り組んだのだろうか？

その点、稲坂は肩の強さも足の速さもずば抜けていた。野村が理想とするリードオフマンとして最適だったのだ。

ここまで記していて、お気づきの方もいるかもしれない。稲坂とまったく同様の経緯で、後にキャッチャーからセンターにコンバートされ、「一番センター」として大活躍した選手がいる。そう、ヤクルト黄金時代を牽引《けんいん》した飯田《いいだ》哲也《てつや》だ。

90年代ヤクルトの一番打者として活躍した飯田。その前例こそ、数年前のムースでの稲坂匠だったのである。

さらに野村はもう一つの「コンバート」を敢行している。

それが、戸井田忠人《といだただひと》のアンダースロー転向だ。洋平が言う。

「戸井田は元々はオーバースローのピッチャーでした。でも、野村監督の指令でアンダースローにしました。身長もそれなりに高かったし、手足も長かったので、アンダースロー転向は見事にハマりました。このとき、戸井田は野村さんの指示でシュートを覚えました。それもまた見事にハマりましたね」

アンダースロー投手にシュートをマスターさせる——。

それはまるで、後に高津臣吾にシンカーを覚えさせたケースを想起させる。

ヤクルトでは不動のクローザーとして大活躍し、後にメジャーリーガーとなり、野球殿堂入りを果たした名投手だ。さらに、古巣ヤクルトの監督として、野村同様に2年連続セ・リーグ制覇を実現した名監督でもある。

コントロールに絶対の自信を持つエース・藤森がいる。洋平いわく「藤森が全試合投げたら、全試合勝てると思っていた」ほどの絶大なる信頼感を誇っていた。

しかし、成長過程にある中学生を酷使するわけにはいかない。チームにとって欠かせないのが、藤森に続く「第二のピッチャー」だったのだ。

そこで白羽の矢が立ったのが戸井田だ。洋平が言う。

「戸井田がアンダースローになって、それまでとはまた違う持ち味のあるピッチャーになりました。結果的に後の全国大会でも戸井田は投げるんですけど、彼が藤森に続くピッチャーとなったことで、より厚みを増したと思います」

前述した千葉北シニアとの一戦で、大差がついた場面で登板したのが戸井田だった。

野村がヤクルト監督に就任する前に、港東ムースには「未来の飯田哲也」と、「将来の高津臣吾」がすでに存在していたという点は興味深い。

前述したように、後に野村は「適材適所は、才能集団にまさる」と言い、個々の才能、能力をきちんと見極めた上で相手と戦うことを強く意識していたと口にしている。

その実践は港東ムースですでになされていたのだ。

少年たちの中に息づく「野村の教え」

10月29日、秋季大会3戦目となる準々決勝の相手は瑞穂《みずほ》シニアに決まった。

この試合は1点を争う好ゲームとなった。3回表に先制を許したものの、5回裏には1年生ながら四番を任されていた紀田彰一のタイムリースリーベースヒットで同点に追いつくと、6回裏二死から稲坂匠、稲垣光一、そして洋平の三連打で3点を奪って逆転。投げては、先発の藤森が最後まで投げ切って4対1で勝利し、ベスト4進出を決めた。

11月3日、準決勝は埼玉の飯能《はんのう》シニアと激突した。

先発マウンドを託された藤森は、この日も危な気ないピッチングを披露する。得意のコントロールに磨きがかかり、ストレート、カーブともに抜群の制球力を見せ、5回を終えてパーフェクトピッチングという文句のない内容だった。しかし、港東ムース打線も凡打の山を築いてまったく得点を挙げることができず、試合は膠着《こうちゃく》状態が続いた。

先制したのは飯能シニアだった。6回表にヒット、犠打、ボークで一死三塁のピンチを招くと、前進守備の隙を突かれるタイムリーヒットで1点を許してしまった。

今大会最大のピンチではあったが、6回裏に稲坂のタイムリー内野安打で同点に追いつき、さらに押し出し死球と木村のタイムリーで2点を奪って、そのまま逃げ切った。

この試合に勝利した港東ムースは待望の決勝戦進出を決めた。

決勝戦は中1日となる11月5日に駒沢球場で行われる。対戦相手は越谷《こしがや》シニアだ。全国大会の優勝投手で後にロッテ入りする田中充《たなかたかし》を擁する優勝候補の筆頭だった。

しかし、洋平をはじめとする港東ムースナインは落ち着いていた。

他チームにはない「野村の教え」は、自分たちの本来の実力以上の力を引き出してくれていた。大会前に「絶対に野村監督を胴上げするぞ」という思いを誰もが抱いていた。ついに、それが現実のものとなる瞬間が訪れようとしている。

連戦連勝で、ほとんど負けなかったエースの藤森は、野村からのささやかな「褒め言葉」を鮮やかに覚えている。

「ずっと負けなかったので、多少天狗《てんぐ》になった部分もあったのかもしれません。そのときには、〝おい、調子に乗るなよ〟と言われました。よく覚えているのが、あるときの試合後、野村監督に、〝お前は不思議な運を持っているよな〟と言われたことです。〝真ん中に投げても、相手が勝手に打ち損じて内野ゴロになるからな〟と言っていました」

後の東北楽天ゴールデンイーグルス監督時代、エースの田中将大《たなかまさひろ》について、「マー君、神の子、不思議な子」と語ったことは有名だが、その約20年前にすでに「お前は不思議な運を持っているよな」と言われたピッチャーがいたのだ。

バッテリーを組んでいた洋平も口をそろえる。

「バッター目線で言うと、藤森のストレートはめちゃくちゃ素直なボールで打ちやすそうなんです。でも、なぜだかバッターは内野ゴロに倒れてしまう。試合中、〝何でお前のボールは打たれないんだろう？〟と藤森に言ったことがありますよ（笑）」

藤森と洋平――。

バッテリーの絆《きずな》は試合のたびに深まっていく。お互いを信じて、自分たちに野球の奥深さと楽しさを教えてくれた恩師への恩返しを期していた――。

一方、平井は野村に「かなり怒られた」ことを記憶している。

「この秋季大会、瑞穂シニア戦のことでした。この試合は0対1で負けていて、終盤に逆転勝ちしたんですけど、最初の1点はレフトを守っていた僕のミスでした……」

3回表、瑞穂シニアは無死三塁から、レフトへの犠牲フライで先制をしている。このときの三塁走者は平井の打球判断ミスによるものだった。

「僕はレフトを守っていました。目の前にライナーが来て、中途半端な追い方をしてしまってボールをそらして打者走者を三塁まで進めてしまったんです。僕自身の気持ちの弱さが出たプレーだったんですけど、試合後、野村監督に、〝お前のせいで負けそうになったじゃないか！〟って怒鳴られました。〝もしも負けていたら、どう責任を取るんだ！〟とも言われました。中学生だったので、この言葉はショックでしたよ（苦笑）」

普段は決して声を荒げたり、ましてや怒鳴ることなどなかった野村が、どうしてこのときは大声を張り上げたのか？　後に平井は悟った。

「たぶん、野村監督の中にも〝これが最後の大会だ〟という、期する思いがあったんだと思います。有終の美を飾るために優勝を狙っていたのに僕のミスが致命傷になりかねなかった。それで、あんな大声が出てしまったんだと、今なら思いますね」

「怒る」は感情、「叱る」は理論――。

野村がしばしば口にした格言である。

憂さ晴らしや責任転嫁、八つ当たりや保身によって感情的になったり、怒鳴ったりすることを野村は諫《いさ》めている。このとき、平井に対して野村は感情的になった。こんなときに、常に心がけていたことがあるという。先に紹介した『野村克也全語録』にはこんな一節がある。

わたしも、感情にまかせて怒ることがなかったとはいえない。ただし、「怒ってしまったな」と思ったときは反省し、「怒るは感情であって、叱るは理論」だと、自分に言い聞かせていた。

このとき平井に対して、野村はこんな感情を抱いていたのだろうか？　それとも、平井との一件を反省して、このような考え方にいたるようになったのだろうか？

チームは確実に強くなっていた。

少年たちはもちろん、野村もまた日々発見の連続であり、指揮官としての研鑽《けんさん》を積んでいた。

ついに、野村監督率いる港東ムースは決勝まで勝ち進んだのだ。

母へ、そして監督へ——洋平の期する思い

「野村さんに教わったのは中学1年の春から、中学2年の秋まででした。実質的には1年半でしたけど、本当にいろいろなことを教えてもらいました」

洋平は、野村から教わったさまざまな教えを思い出していた。

「試合中はいつも監督の横に座らされていました。相手バッテリーのピッチングを見ながら、常に〝次の配球は？〟と聞かれて、例えば〝外、真っ直ぐです〟と言うと、〝何でだ？〟とさらに質問されました。試合後には打たれた場面について、〝どうしてあの配球なんだ？〟と尋ねられ、自分なりの理由を答えさせられました。野村監督は常に理詰めでした。だから普段から、〝前の打席はどんな配球だったのか？〟とか、〝自分にはどんな攻め方だったのか？〟とか、いつも頭を使って野球をしていました」

ヤクルト監督時代、自分の前に古田敦也を座らせて、「配球の根拠」を問い続けた姿がよみがえる。古田がドラフトでプロ入りする直前、すでに洋平は「野村の教え」を全身で受け止めていたのである。

母の体調は相変わらずすぐれなかった。練習が終わり自宅に戻ると、苦しそうに床に臥《ふ》せている姿が痛々しかった。中学入学後すぐに、上級生たちとケンカをしたことで学校に呼び出されたこともあった。万引きの瞬間を見つかったこともあった。

母を悲しませ、心配させることばかりしていた。

苦しい家計の中であっても道具を買い与えてくれ、野球を続けさせてくれたのは、「野球を通じて健全な人間に育ってほしい」という母の願いからだったのかもしれない。

洋平自身も、ふと考える。

――もしも、港東ムースに入っていなければ？

――もしも、野村監督と出会っていなければ？

きっとここまで夢中になれるものに出会うことはなかっただろう。ひょっとしたら、道を踏み外していたかもしれない。

「もしも」の話ではあるけれど、考えただけで怖くなった。

洋平は心から思った。

港東ムースに入ってよかった。野村監督に出会えてよかった――。

今では野球が自分にとってのすべてとなっていた。最高の仲間たちと思い切り白球を追いかけている瞬間、命の充実を覚えた。

病気と闘う母は、球場まで応援に来ることはできなかったけれど、これこそ母が望んでいた我が子の姿だった。

野球に夢中になり、没頭することで、洋平は母親孝行をすることになった。

これだけ夢中になれるものを与えてくれたのが野村監督だった。

その監督が、この大会を最後にチームを去る。寂しさは隠せないけれど、絶対に今までの恩返しをしなければならない。

洋平は静かに燃えていた――。

秋空の下、野村克也が宙を舞う

11月5日、東京・駒沢球場にて、関東連盟秋季大会決勝戦が行われた。

この試合、港東ムースにとって予期せぬハプニングで幕を開けた。夏の全日本大会を制した越谷シニアのエース・田中充が試合前に貧血で倒れ、先発登板を回避したのだ。

急遽《きゅうきょ》マウンドに上がった大山武史を攻め立てた港東ムースは2回に津坂崇のスクイズで先制すると、3回にも無死満塁のチャンスを作る。ここで越谷シニアは田中を投入するものの、一死後に田篠健一《たしのけんいち》がレフトに2点タイムリーを放って3対0と試合の主導権を握った。

投げては、中1日での先発マウンドとなった藤森がこの日も危な気ないピッチングを披露する。得意のカーブを投じると越谷打線は手も足も出ない。

こうして、港東ムースは7対2で快勝する。

創設3期目での見事な優勝だった。全国大会ではなく、関東大会での出来事ではあったが、それでも偉業は偉業だ。それは、当時シニアリーグに加盟していたおよそ150チームの中でも、異例のスピードでの栄光だった。

秋晴れの空の下、選手たちは喜びを爆発させている。エース・藤森と、女房役の洋平が熱い抱擁を交わす。ナインたちも口々に「やったー！」と叫んでいる。そして、ライトブルーのユニフォーム姿の野村がベンチからゆっくりと歩を進める。

キャプテンである洋平のリードの下、野村の胴上げが始まろうとしていた。

「南海ホークスで優勝したとき、三冠王を獲《と》ったとき、そして今日が3回目だ。どうでもいいけど落とさんでくれよ……」

その言葉が終わらぬうちに、野村の下に集まってきた選手たちがその巨体を持ち上げた。子どもたちの手によって、指揮官は宙に舞った。野村の表情は上気していた。

「いい気持ちだ。本当にいい気持ちだ。これで心残りなく、ヤクルトに行けるよ。子どもたちに感謝したい」

野村の言葉にあるように、監督としては1973（昭和48）年、南海の兼任監督として胴上げされて以来の歓喜の瞬間だった。その後、ヤクルトの監督に就任して3年目となる92年10月10日に野村はヤクルトをリーグ優勝に導き、甲子園球場の夜空に舞うことになる。

NPBの監督として、それは野村にとっては二度目の快挙だったが、実はその3年前にも野村は少年たちの手によって胴上げの祝福を受けていた。

自身にとって「専任監督」として初めての胴上げはヤクルトではなく、港東ムースだったのだ。報道陣に囲まれた野村は言う。

「頭で野球は勝てるんだ。今の子どもは指示を与えないと何も自分でやろうとしない。私は野球を通して、子どもたちに考える習慣を植えつけたかった」

野村の願いは現実のものとなった。正捕手の洋平が口にしたように、「常に自分の頭で考えること」が、彼らの習慣となっていた。

そして、野村は選手たちに「ラストメッセージ」を贈った。

「何でも頂点に立つのは大変なこと。プロでも少年野球でも、それぞれの力はそんなに変わらない。まとまりと力と、そして運が一緒になったとき、頂点に立てるんだ」

財を遺《のこ》すは下、仕事を遺すは中、人を遺すは上とする――。

後に「野村語録」として有名になったこの言葉のように、野村は確実に少年たちの胸に何かを遺して、有終の美を飾ったのである。

「野村監督」、最後の指揮、有終の美

公式戦は終了したものの、野村はもうしばらくの間、中学野球の指揮を執った。11月19日には「日米ベースボールサミット」が東京ドームで行われた。

前年の88年、広岡達朗《ひろおかたつろう》、長嶋茂雄が中心となり、日本球界の底上げを目指して「日米サミット」が行われた。第2回となる今回は、その一環として、シニアチームを対象として実技指導を行うこととなり、韓国、台湾、香港の各チームを招聘《しょうへい》して実戦並びに基本指導が行われた。ドジャースで209勝を挙げ、野球殿堂入りしていたドン・ドライスデールを団長として、ヤンキースや読売ジャイアンツで活躍したロイ・ホワイト、当時レンジャーズの監督で後に千葉ロッテマリーンズの監督となるボビー・バレンタインなど、そうそうたる顔ぶれが講師として来日していた。

イベント5日目となる11月19日は「実技指導」として、東京ドームで台湾選抜チームと、日本のシニア関東選抜チームが戦うことになった。

この指揮を執ったのが野村だった。野村にとっては「これが最後の奉公」であり、親善試合の側面もあったが、もちろん手加減はしなかった。港東ムースからは田中洋平、藤森則夫、1年生の紀田彰一を選抜し、本気で臨んだ。

先発を託された藤森が2回を内野安打1本の無失点に抑えると、洋平は第1打席にセンターオーバーの三塁打、第2打席にライトオーバーの三塁打で5打点をマークし、代打で登場した紀田もツーランホームランを放つなど、秋季大会の勢いそのままに、港東ムース勢の活躍が目立つことになった。

「いい素材の選手ばかりで指揮をしていて楽しいですね。努力に加えて、正しい指導を受ければ、この中からプロ野球選手が生まれますよ。今日は7点を取るまではサインだったけど、その後はノーサイン。今の子は《指示待ち族》が多い。自分で考える習慣を身につけなくちゃいけないからね……」

試合は19対0で快勝した。野村による少年たちへの「直接指導」は、ここでいったんピリオドが打たれた。翌90年からは、ヤクルトスワローズのユニフォームを着て、再びNPBの世界に戦いの舞台を移すことになった。

しかし、その後も野村はさまざまな形で港東ムースと関わり続けることになる。

二代目・団野村監督誕生！

偉大な監督の後を受け継いだのは、野村の義理の息子である野村克晃——団野村——だ。港東ムースが誕生した88年当時、団の拠点はアメリカにあった。

「88年というと、僕はロサンゼルスで不動産関係、野球関係の仕事をしていました。もちろん日本と行ったり来たりだったので、監督とサッチーが少年野球チームを立ち上げるということは聞いていました。でも最初の頃はあんまり関わっていませんでした」

第三章で述べたように、野村克也をヤクルト関係者に紹介したのが団である。

89年秋、その翌年からヤクルト監督に就任することが決まった。野村が気がかりだったのが、港東ムースの後継監督問題だった。

「ヤクルトの監督になることが決まった頃には、僕もちょこちょこ練習には顔を出していましたから、監督に〝次はお前がやれ〟と言われ、このタイミングで港東ムースの監督を引き受けることにしました。89年はアメリカで球団を買った年だったので、まだアメリカにも拠点はありました。だから、日本とアメリカを行ったり来たりは続いたけど、少年野球を理由にして少しずつ日本にいる時間を増やしていきましたね」

団が「監督」と呼ぶ、偉大な義父の後を継ぐことには、もちろん重圧もあった。けれども、「自分は自分なりに指揮を執ろう」という思いを抱いていた。

「監督はデータを取るのが好きでしたけど、僕もそれは同じでした。きちんとデータを取って、〝どこへ打球が飛ぶのか？〟とか、〝どういう配球でアウトにしたのか？〟とか……。そういう点は割と細かく出して、当時の少年野球の中では画期的なことをやっていたんじゃないかなと思いますね」

打球傾向を調べ、守備位置を変えていく、いわゆる「ポジショニング」の重要性は何度も何度も少年たちに説いたという。もちろん、さらに野村の助言も求めた。

「ポジショニングだとか、配球だとか、攻め方だとか、そういうものを監督に聞きながら選手に指導していきました。神宮球場まで監督に会いに行ったり、時間のあるときに電話をしたり、監督にはいろいろと時間を作ってもらいました」

待望のNPBに復帰し、自身としては初めてとなるセ・リーグの球団の指揮を執りながら、野村はその後も港東ムースの「アドバイザー」であり、「総監督」でもあったのだ。

「僕的には当たり前のことをやっていて、〝勝つためにはどうしたらいいのか?〟を突き詰めていくと、緻密《ちみつ》な野球が大切になります。例えば基本的な守備隊形や、特にうるさく言っていたのは走塁ですね。リードオフの仕方、打球判断、こういうところは常に重要視してやっていました。あとは、本当にくだらないプレーもいっぱいやりました（笑）」

団の言う「くだらないプレー」とは、例えばこんなことだ。

「ある日は、〝今日はバックハンドだけで1日練習するぞ〟と言って、ワザとバックハンドだけで捕球する練習をしました。あるいは、ノックのときに飛び込んでキャッチして、膝《ひざ》で投げる練習をしたりとか……」

逆シングルでキャッチして、そのままグラブトスをする練習――。

ダイビングキャッチをして、膝立ちのまま投げる練習――。

いずれも、華やかでカッコいい、少年たちが憧《あこが》れる派手なプレーだ。しかし、そこには単に「飽きさせない」ためだけではなく、きちんとした意図もあった。

「実際に試合で使わなきゃいけないプレーでもあるわけです。わざわざ立ち上がって投げていたらセーフになってしまう。ならば、立ち上がらずに膝で投げることも大切になってきます。実戦で使う可能性のあるプレーを遊び感覚で、意識的にみんなで取り組んだりしましたね」

小さい頃から、「基本に忠実に」と教わり、片手で捕ったり、飛び込んで捕ったりすることは「スタンドプレーだ」と叱られることも多かった。しかし、団は言う。

「野球というスポーツは、例えばバッターが打って一塁に走るまでに何秒って時間が決まっていますから、その中でプレーしなきゃいけない。1秒でも0・1秒でも速くプレーをしなきゃいけないんです。スタンドプレーと叱られるかもしれないけど、僕はそのための練習を繰り返しやっていましたね」

子どもたちの指導において、団が心がけていたことがある。それが、野村克也も重視していた「感動」である。

「試合に勝つことはもちろん大切なんだけれど、僕はそれ以上に〝子どもたちが野球を楽しむこと〟を大切にしていました」

団の言葉は続く。

「じゃあ、子どもたちが野球を楽しむためにはどうすればいいのか？　例えば、相手が知らないことを知ること。相手がやらないことをやること。相手がやっていない練習をすること……。そういうことを子どもたちに体験してもらいながら、勝負の厳しさ、勝ったときの喜び、負けたときの悔しさを知ってほしかった」

野村同様、子どもたちの知的好奇心を刺激して感動を与える。団ならではのこうした指導法は子どもたちにも評判がよかった。

父・野村克也の路線を踏襲しつつ、二代目監督は独自の指導を模索していた。

ケニー野村――褒めて伸ばす指導術

野村克也監督時代から頻繁に練習に顔を出していたため、選手たちもすでに団とは面識があった。田中洋平が振り返る。

「団さんとは、何度も会っていました。日本に帰って来たタイミングで、よくムースの練習に来られていましたから。団さんだけではなく、ケニーさんもグラウンドに来られていたときがあって、バッティング練習も見てもらいました。なので、僕らからしたら団さんも、ケニーさんも、まったく知らない関係ではなかったです」

洋平の言う「ケニーさん」とは、沙知代の実子であり、団の弟であるケニー野村だ。

59年、神奈川県の座間《ざま》キャンプでケニーは生まれた。長男の団と同様に、父はアルビン・ジョージ・エンゲル、母は伊東芳枝《いとうよしえ》――後の野村沙知代――で、二人の次男としてこの世に誕生した。兄の団とは2歳違いである。

小学校から高校までは東京・世田谷のアメリカンスクールで過ごし、卒業後に渡米。カリフォルニア工芸大学を中退後に帰国し、79年に広島東洋カープに入団する。

野村がチームを去るにあたって、長男の団に監督職を任せ、次男のケニーもまた、折を見て港東ムースの指導に当たることになった。ケニーが当時を振り返る。

「僕はずっとアメリカにいたので、不動産関係の仕事をしたり、外国人選手を日本のプロ野球に入れたり、そういう仕事をしていました。何カ月かに一度、日本に戻ってきて、その間にコーチとして、ムースを手伝ったりしていました。自分の子どもたちもアメリカでリトルリーグに入っていたので、その指導とかコーチとかもしていました。だから、別に初めての指導経験ではないけど、中学レベル、この年代は初めてでしたね」

当時のメンバーたちに話を聞いていると、「ケニーさんはすごく気さくに接してくれた」と懐かしく振り返る姿が印象的だった。

――どのような意識で、少年たちと接していたのですか？

そんな質問を投げかけると、「その質問に答えるには、まずは僕のヒストリーから話さなくちゃ」と笑顔になった。

「僕はアメリカンスクールで野球をしていました。この学校は夏休みが3カ月あるんですよ。それで、その間は大阪の近大附属高校にお世話になったんです、3カ月間、練習生として。今だったら大問題だけど、当時はまだ殴ったり、蹴《け》ったりがあった時代で、殺されるかと思いましたよ（苦笑）。そういうのを見てきたので、〝同じことはしたくないな〟って思っていたんです……」

その結果、ケニーは自分なりの指導スタイルを貫いた。

「どっちかというと、僕の場合はアメリカンスタイル。〝褒めてうまくさせる〟。だって、怒れたらみんなびびっちゃうので（笑）」

港東ムースの特徴に、「徹底した食事指導」がある。沙知代オーナーが「とにかく食べて身体を大きくしろ」と考えていたからだ。それは、食べ盛りの少年たちでも音を上げてしまうような尋常ではない量だった。

当時のメンバーたちは「泣きながら大盛弁当を食べた」とか、「オーナーの目を盗んで食べきれないおかずを土に埋めた」などと語っている。満腹状態になってから、さらに母親たちが当番で作ってきた揚げ物を何個も食べなければならなかった。この一環として港東ムースでは、かなり早い時期からプロテインを採り入れていた。ケニーが言う。

「まだ他のチームがやってなかった頃に、ムースではプロテインをみんなに飲ませていましたね。当時、母親たちが交代で唐揚げなどのおかずを持ってきたり、お茶を用意したりしていたけど、そのときにプロテインも出していました。プロテインを飲むと身体が大きくなるので。これは、アメリカの大学時代、僕自身がいつもプロテインを飲んでウェイトトレーニングをやっていた経験からです。当時、日本ではあまりウェイトってなかったんですよね。でも、身体をゴツくしなくちゃパワーが出ない。ということで、プロテインを飲ませるようになったんです。まだ日本では珍しかったから、アメリカから来るときに持ってきたこともありましたね」

母であり、オーナーである沙知代との距離感

団野村、そしてケニー野村、それぞれの口からオーナーに関する話題が飛び出した。「オー

ナー」とはもちろん、彼らの実母である沙知代のことだ。団が言う。

「僕たちは、元々あんまり仲がよくなかったり、よかったりして、こう……、いろいろあったんですけども……」

ケニーにいたっては、2001年、実の母の脱税を告発する『グッバイ・マミー　母・野村沙知代の真実』(新潮社)という暴露本まで出版している。

本の帯には煽情《せんじょう》的なコピーが躍る。


子供がここまで母親を憎むって、自分でも凄いと思う。

マミー、あんたは本当に可哀想な人だよ。


ケニーは言う。

「あの本を出したことで、二人との関係は絶たれました。もちろん、その覚悟を持って出版しました。あの件に関しては、当時の僕の言いたいことはすべて言えたと思います。うーん……、出してよかったと思います。本が出て、あの事件が終わって、それからしばらくして僕は日本に帰ってきて、田園調布の家に行って二人に謝りました……」

この発言中にある「あの事件」とは、沙知代の脱税による逮捕のことであり、「二人」とはもちろん、野村克也と沙知代である。ケニーの述懐は続く。

「……僕としては全然悪いつもりはなかったんだけれども、親子げんかがちょっと大きくなっちゃったみたいな。一般の人だったら、あんな本も出せなかったわけだし。本が出たことで事態は大きくなっちゃったけれども……。だけど、本が出て何年かしてから二人が亡くなるまで、ずっと仲はよかったです」

ケニーの語る「あの事件」は、港東ムースの存亡に大きく関わることになるのだが、それは第八章で詳述したい。


本人たちも認めている通り、愛憎相半ばする関係でありながら、それぞれが「オーナー」としての沙知代の功績も評価している。団は言う。

「まぁ一つ言えるのは、やっぱりチーム内に怖い人がいたのは非常によかったなと、今でも思っています。保護者たちもそうでしたし、子どもたちもサッチーに対して怖い印象があったと思います。〝ちゃんと食事をしなきゃいけない〟とか、〝あいさつをきちんとしなきゃいけない〟とか、〝練習をちゃんとしなきゃいけない〟って厳しく言う立場にオーナーがいてくれたので。監督としては非常にやりやすかった気がします」

ケニーもまた、沙知代オーナーの「厳しさ」を評価しつつ、だからこそ自らは異なるスタンスを選んだという。

「オーナーからは、〝もっと厳しくやって〟と言われていました。それで、揉《も》めたこともあるし、〝これがオレのやり方だから、イヤだったらもう帰るよ〟って言ったこともありました。だって、すべてにおいてプラスマイナスが必要じゃないですか。夫婦の場合でも、怒り役がお母さんなら、お父さんが後から慰めてあげないと子どもはかわいそうだし、おかしくなっちゃうし……」

1990年シーズンから、野村克也はヤクルトスワローズの監督となった。

前任者の関根潤三《せきねじゅんぞう》監督時代を含めて、80年代のヤクルトは低迷期が続いていた。80年の武上《たけがみ》四《し》郎《ろう》監督時代に2位になった以外は、すべてBクラスに沈んでいた。

ヤクルト監督就任が決まった後、『朝日中学生ウイークリー』(89年11月19日付)にはこんな記事が掲載された。

港東は二年半《ママ》前、野村さんが結成したチーム。選手のほとんどが監督にあこがれて集まった。野村さんは「ヤクルトに何かを残したい」と監督を引き受けたが、最後までできがかりだったのが港東のこと。後任の監督には、長男の野村克晃さんがなり、「野村野球」は引き継がれるもの、「ヤクルトにいってもナイターが多いので、昼間やひまな時は見にいくようにする」と野村さん。残していく選手が気になるようだ。選手も、「ショックだった」「いかないでほしい」と監督をはなしたがらず、「決まってしまったことだからしかたない」とあきらめようとしているのが本音。

ここには、当時2年生だった平井祐二のコメントも掲載されている。

東京都大田区矢口中学二年の平井祐二君は「ヤクルトで最下位だけにはならないで」と注文をつけた。

この記事のことを、平井は今でも覚えている。

「当時、取材されたこともよく覚えていますし、このコメントもハッキリと覚えています。勢いであんなことを言っちゃったけど、口にしてすぐに〝しまった〟と思ったし、〝絶対に紙面で使われるんだろうな〟と思いましたね（笑）」

監督就任会見において、野村は「正直言ってまったく自信はありません」と言った。同時に、

「1年目は種を蒔《ま》き、2年目に水をやり、3年目に花を咲かせます」とも言った。

港東ムースの監督となって3年以内に、野村は少年たちを優勝に導いた。

はたして、ヤクルトではどのような結果をもたらすのか？

生前の野村は、こんな言葉も口にしている。


新到三年、皓歯《こうし》を見せず——。


「皓歯」とは「白い歯」のことであり、「3年間は白い歯を見せることなく、無我夢中で物事に取り組め」という教えである。

野村克也にとっての「名将前夜」の日々が終わり、新たな挑戦が始まる。

同時に、野村克晃——団野村——にとっても、新たな日々が始まる。

もちろん、田中洋平キャプテンを中心とした港東ムースの面々たちにとっても、「全国制覇」を目指した、中学生活最後の1年が始まろうとしていた——。

第五章

日本野球、世界の頂点に

港東ムースの快進撃――団新監督の胴上げ

「宣誓！　我々リトルシニア選手一同は、リトルシニアの精神に従い、友情とスポーツマンシップに則《のっと》り、正々堂々と競技することを誓います！」

新生・港東ムースのスタートである。

１９９０（平成2）年3月21日、神宮球場では日本リトルシニア野球関東連盟の開幕式が行われた。リトル50チーム、シニア１４８チームが集結し、選手約５０００人、保護者を含めた関係者約1万３０００人が参加する大規模なものとなった。

この日、選手宣誓、そして優勝旗返還の大役は、前年秋を制した港東ムースのキャプテン・田中洋平が務めた。

当時の映像を確認すると、宣誓の前には「洋平、頑張れ～」と声援が飛び、終了後には「いいぞ、洋平～」とスタンドから掛け声が送られている。

今となっては確認のしようがないが、その声は野村沙知代のものに聞こえる。

この開会式にはヤクルト監督に就任したばかりの野村克也も登場し、選手たちを前に祝辞を述べている。

「1990年度の開幕、本当におめでとうございます。野球の本質の一つに、「団体競技である」というのがあります。これはすなわち、チームワークということが非常に要求されるスポーツであると言い換えてもいいんじゃないかと思います。

チームワークとは、選手諸君の共同作業、協調、連帯……、つまりはみんなで協力をし合って、そして心の繋がり、考え方の繋がり、こういうものを大事にして戦うスポーツだという風に、私は野球を理解しております。

どうか一人一人が同僚に迷惑をかけないように、技術は未熟でも一生懸命ボールを追いかけ、一生懸命協力し合って、どうか頑張ってこの大会を大いに盛り上げてください。

みなさんの健闘を祈ります。終わり。」

短いスピーチではあったが、ここには野村の考える「野球の本質」が端的に語られている。彼が港東ムース監督時代に伝えたかったことは、野球の技術はもちろん、「心の繋がり」「考え方の繋がり」を少年たちにしっかり根づかせることだった。

プロ野球の開幕を直前に控えていた野村は、開幕式の途中に球場を後にする。まさに、「野村のいない港東ムース」の始まりである。

野村克晃——団野村——監督にとっての公式戦最初の大会は、この1カ月ほど前となる「東京支部春季大会・城南ブロック予選」となった。

2月18日に開幕したこの大会でも、港東ムースは前年の強さを見せつけた。決勝では井端弘和が所属していた城南品川シニアを相手に14安打で16対2と快勝。前年秋王者の実力を存分に発揮した。

この試合では1年生の紀田彰一、野口晃生、古舘勉《ふるだてつとむ》の活躍が光った。

紀田は四番で出場して2安打を放ち、野口は3安打、古舘は4回から登板して、相手打線をノーヒットに抑えている。

関東連盟春季大会を前に、選手層の厚さはさらに増していた。

4月を迎えて新年度が始まった。

29日から、5月13日にかけて関東連盟春季大会が開催された。

ここでも港東ムースは順当に勝ち進む。初戦の横浜南シニアを倒し、二回戦の船橋《ふなばし》シニアには17対2と快勝。順調な滑り出しを見せた。

浜松シニアと激突した準々決勝では、初回に2点を先制されたものの、3回には新3年生の木村義昭がレフトに特大のスリーランホームランを放って逆転。投げては、戸井田忠人の双子の弟である忠輝《ただてる》が好投して6対4で勝利した。

続く、準決勝の瀬谷《せや》シニアとの戦いでは初回二死満塁の場面で、新2年生の野口が「緊張したけど、うまくおっつけることができた」と語る左中間へのツーベースヒットで2点を先制。このリードを先発の「戸井田ツインズ」の忠人が丁寧なピッチングで守り切った。

アンダースロー転向以来、着実に成長を遂げていた忠人による見事な完投勝利。危な気ない戦いを披露して4対1で決勝進出を決めた。

決勝の相手は東大和《ひがしやまと》シニアとなった。

初回、港東ムースは先頭の稲坂匠が内野安打で出塁すると、二番・平井祐二、三番・田中洋平が相次いでバントを決めて二死三塁とした。

（何としてでも先取点を取りたい！）

団野村監督の強い意志が見える采配《さいはい》である。ここで打席に入った四番の紀田が先制のライト前タイムリーヒットを放つ。この打球をライトが後逸している間に打者走者もホームを駆け抜け、一気に2点をリードする。

1点差にされた3回には、平井、田中の連続二塁打、そして五番・木村のタイムリーでさらに2点を挙げ、4対1と完全に試合の主導権を握った。

味方打線が挙げてくれた3点のリードを、この大会ずっと好調だった忠人が低めに丁寧に投げるピッチングで見事に守り切る。

前半はストレートで押し、球威の落ちてきた後半はカーブ、スライダーを決め球にして、被安打4、1失点でこの日も完投で胴上げ投手となった。

「今日は母の日だったので、オーナーに絶対に優勝をプレゼントしようと思って、思い切り投げました」

試合後、忠人は笑顔で語った。もちろん、野村沙知代オーナーはご満悦である。

前年秋に野村克也を胴上げしたように、今度は団野村新監督が少年たちの手によって宙を舞う。大きなプレッシャーを抱えつつ指揮を執り、偉大な野球人であり父でもある大監督と肩を並べた。勝利監督インタビューで団は言った。

「相手のエラーに助けられた感はありますが、大事な先制点を奪えたことが大きかった。ミスもなく、うちらしい守りの野球ができました」

前年秋の関東大会、そしてこの春季大会と、「秋春連覇」を成し遂げた。

港東ムースの躍進が始まろうとしていた――。

メキシコでの世界大会、そして関東連盟夏季大会

春季大会最終日となった5月13日――。

熱戦の舞台となった東京・調布グラウンドでは、全日程終了後に「第二回世界少年野球大会」全日本代表を選ぶ関東連盟セレクションが行われた。

これは、日本代表が優勝した前年の第一回大会に続いて、この夏にメキシコ・モンテレイで予定されていた世界大会である。

参加する国と地域は、キューバ、ベネズエラ、ブラジル、チャイニーズ・タイペイ、韓国、プエルトリコ、ドミニカ、グアテマラ、ニカラグア、ペルー、開催国のメキシコ、そして日本の12チーム。

日本代表チームは、調布シニア・渡辺忠《わたなべただし》が監督となり、日本リトルシニア野球協会の副理事長である志太勤を団長として組織された。志太は後に自身の会社・シダックスに硬式野球部を作り、野村を監督に迎えることになる。志太が述懐する。

「私はずっと、日本リトルシニア野球協会の副理事長を務めていました。それをきっかけに港東ムースのオーナーであるサッチーこと野村沙知代さん、そして監督である野村克也さんとの

ご縁ができました。このときも、世界大会の団長として私もメキシコに行くことになり、そのための準備にあたっていました」

代表メンバー18名のうち、関東連盟からは13名が選出されることになっていた。

この日、関東の五つの支部から80名が参加し、4チームに分かれて、試合形式で2ゲームが行われた。参加した選手たちはいずれも各支部から選ばれた好選手ばかりで、誰が代表入りしてもおかしくないほどレベルが高いものだった。

港東ムースからはエースの藤森則夫、キャプテンの田中洋平、豪打を誇る木村義昭、2年生ながらパンチ力に定評のある紀田彰一らが参加していた。

選考に当たった全日本代表・渡辺監督は、「素質はもちろんですが、野球に対する取り組み方なども大切です」と語り、同時に「この中から13人ですからね……。最後は直感ですね」と選考の難しさについて本音をのぞかせている。

大会は7月13日の一次予選から幕を開ける。その前には関東連盟夏季大会も控えていた。洋平や藤森、稲坂、平井たち中学3年生にとっての「最後の夏」が、これから本格的に始まる。選手たちはみな燃えていた。

5月20日、東京・新橋のヤクルトホールには関東連盟に所属する146チームの選手、指導者約500人が集まっていた。

前週の13日に春季大会の全日程が終了したことを受け、早くも夏季大会の組み合わせ抽選会が行われた。優勝した港東ムース、準優勝に終わった東大和シニアを筆頭にベスト8からシードの抽選が行われ、次に各支部に分かれて次々とくじ引きが進んでいく。

会場での注目の的は、秋、春と連覇を果たしていた港東ムースだ。キャプテンの洋平の周りには報道陣が集まっていた。

「もちろん、夏季大会優勝も狙っています。伝統のあるチームを倒し、悪くても全国大会の出場権を得て、日本一になりたいです！」

大会は5月27日に開幕し、7月上旬まで予定されていた。上位10チームが全国大会出場の切符を手にすることができる。

10／146――。

港東ムースは三回戦から登場する。6試合に勝てば秋、春、夏と3大会連続での優勝となる。もちろん、各チームは「打倒港東ムース」に燃えている。

1988（昭和63）年に産声を上げたばかりの新興チームではあったが、創設3期目にして、早くも港東ムースは優勝候補の筆頭となっていたのである――。

屈辱の夏、無念の敗退

注目の夏季大会は、初戦の文京《ぶんきょう》シニアを撃破し、6月10日の対横浜南シニア戦に7対0で勝利。幸先《さいさき》のいいスタートを切った。

続く17日、ダブルヘッダー初戦となった桐生《きりゅう》シニア戦では藤森則夫が相手打線をまったく寄せつけずに零封。初回には平井祐二の先制犠牲フライの後、田中洋平のホームランも飛び出して、こちらも7対0、5回コールド勝利を飾った。

ダブルヘッダー2戦目では、戸井田忠人が先発して、伝統ある調布シニア打線を初回の1失点のみに抑える好投を披露する。この試合も4対1で勝利した港東ムースは順調にベスト4進出を決めた。

この時点では港東ムースの他に、東練馬《ひがしねりま》、瀬谷、浜松南が準決勝に駒を進めて、いずれも8月に開催される全国大会の出場切符を手にすることになった。

「あと2勝」すれば、前年秋から、春、夏と3季連続優勝となる。選手たちの意気は上がっていた。

しかし——。

翌週6月24日に行われた準決勝で、港東ムースはライバルの瀬谷シニアに敗れた。

1回表に2点を先制され、その裏すぐに同点に追いつく粘り強さを見せたが、先発した藤森が3回にも2失点を喫する不安定なピッチングが続いた。その後、4回以降は打者三人ずつでぴしゃりと抑える好投を見せた。しかし、打線がなかなか援護点を挙げることができず、残塁の山を築いていた。

結局、14残塁の拙攻が響いて、3対5で瀬谷シニアの前に涙を呑《の》んだ。

7月1日に行われた「3位決定戦」でも、初回のエラーによる失点が響いて、浜松南シニアの前に0対8、5回コールド負けと、なすすべもなく敗れ去った。

決して油断していたわけではなかった。

決しておごっていたわけではなかった。

それでも、完敗を喫してしまった。自分たちの実力はまだまだだということを痛感させられることとなった。報道陣に囲まれた団監督が力なくつぶやく。

「この悔しい思いを全日本大会にぶつけます……」

前年秋の就任以来、快調に進んでいた港東ムースだったが、団監督にとっては初めて屈辱を味わうことになった。

この悔しさが、この後の全国大会の糧となる——。

団監督も、選手たちも、そう信じてまた一からやり直すだけだ。
屈辱を味わい、野村克也の言葉を借りれば「捲土重来《けんどちょうらい》」を期して、「勝負の全国大会」を目指すべく、新たなスタートを切ることとなったのだ。

この頃、ヤクルトスワローズ監督就任1年目の野村克也は苦戦を強いられていた。港東ムース時代と同様に、「データ重視」を旨とする「ID（Import Data）野球」を掲げて、チーム改革に着手したものの、なかなか結果は出なかった。

4月7日、東京ドームで行われた読売ジャイアンツとの開幕戦で篠塚利夫（和典）のポール際をかすめた「疑惑のホームラン」によって悔しい敗戦を喫して以来、低空飛行が続いていた。ルーキーの古田敦也を正捕手に抜擢《ばってき》した。かつて、田中洋平にそうしたように、試合中には常に自分のそばに座らせて、「お前なら次は何を投げさせる？」「さっきのボールの根拠は何だ？」と徹底した英才教育を行っていた。

野村と古田の師弟関係は、この数年後に大輪の花を咲かせることになるが、この時点ではまだその過渡期にあった。

その一方で、港東ムースの面々に対する心残りも依然としてあった。

かつての教え子たちが、初の全国制覇に向けて善戦を続けていた。港東ムースの動向への注視は決して忘れていなかった。

野村克也にとっての「55歳の夏」は、スワローズとムース、それぞれに目を配りながら進んでいた。

シニア選抜、世界の舞台へ――

夏季大会に敗戦し、前日の悔しさが残る翌7月2日――。

この日、東京・調布の文明割烹館において、全日本チーム壮行会が行われた。

胸には日の丸の刺繡《ししゅう》が燦然《さんぜん》と輝き、大きく「JAPAN」と染め抜かれている。最終的に関東連盟からは15名が選出され、田中洋平がキャプテンとなることも決まった。

前年に続く大会2連覇を目指す日本選手団は以下の通りだ。

【日本選手団】
団長・志太勤、監督・渡辺忠、コーチ・北村寛
《投手》

1　藤森則夫（港東）
2　大島章《おおしまあきら》（杉並《すぎなみ》）
3　杉本武則《すぎもとたけのり》（東大和）
4　平山和典《ひらやまかずのり》（調布）

《捕手》

5　田中洋平（港東）
6　高橋光信《たかはしみつのぶ》（中本牧《なかほんもく》）

《一塁手》

7　木村義昭（港東）
8　太刀岡《たちおか》功《いさお》（越谷）

《二塁手》

9　和田《わだ》慶太《けいた》（調布）
10　平井《ひらい》政幸《まさゆき》（八王子《はちおうじ》）

《三塁手》

11　野中《のなか》英治《えいじ》（杉並）
12　紀田彰一（港東）

《遊撃手》
13　平馬《へいま》淳《じゅん》（瀬谷）
14　山本啓輝《やまもとひろき》（浜松南）
《外野手》
15　佐藤《さとう》礼義《れいぎ》（川崎北）
16　岡昌範《おかまさのり》（鈴鹿《すずか》）※投手兼任
17　伊藤《いとう》竜彦《たつひこ》（熊本中央）
18　立川隆史《たちかわたかし》（塩釜《しおがま》）※投手、内野手兼任

中本牧シニアの高橋光信は、後に横浜高校に進学し、国際武道大学を経て97年ドラフト6位で中日ドラゴンズに入団。２００７年からは阪神タイガースに移籍して活躍した。

塩釜シニアから選出された立川隆史は、拓大紅陵《こうりよう》高校に進み、93年ドラフト2位で千葉ロッテマリーンズに入団。その後、阪神を経て台湾球界へ。さらに07年には格闘家に転身。Ｋ－1リングで見事に勝利を飾る波瀾《はらん》万丈の人生を歩むことになる。

港東ムースのライバルであった瀬谷シニアの平馬淳は中学卒業後、横浜高校に入学し、高橋光信とチームメイトとなった。法政大学を経て、98年に社会人の東芝府中に入社したものの、

翌99年の野球部統合に伴って東芝に移籍。00年には日本代表となり、当時・西武ライオンズの松坂大輔《まつざかだいすけ》、千葉ロッテマリーンズの黒木知宏《くろきともひろ》、福岡ダイエーホークスの松中信彦《まつなかのぶひこ》らが参加したプロアマ混成チームの一員としてシドニーオリンピック出場も果たした。その後も東芝の主将としてチームを牽引《けんいん》。現在では同社野球部の監督を務めている。

7月11日、成田17時55分発アメリカン航空060便で選手団はメキシコ・モンテレイに向けて飛び立った。

大会は現地時間13日から始まる。集まった報道陣に対してキャプテンの洋平は言った。

「前年チャンピオンの誇りを持って、日本代表として恥ずかしくない戦いをします。絶対に2連覇を実現します！」

母を残して日本を発《た》つことにためらいもあった。母の面倒は5歳上の兄に任せて洋平はメキシコに旅立った。

「相変わらず家計は苦しかったので、どうやってメキシコ行きの旅費を捻出《ねんしゅつ》したのかはまったく覚えていません。母が出してくれたのか、それともスポンサーの方々に出してもらったのか……」

ユニフォームなどの道具提供はスポーツメーカー大手のミズノが全面バックアップしていた。

さらに、交通費、宿泊費、現地での移動、食事面の手配は住友ＶＩＳＡがメインスポンサーとして担当していた。

負担が必要最小限のものだったことは洋平にとって、そして母にとっても幸いであった。

母もまた息子の雄姿に期待し、遠いメキシコに思いを馳《は》せていた。母の期待を背に受けて、洋平はメキシコの地に降り立った。

現地時間13日、開会式会場となったモンテレイスタジアムには主催者発表で２万７０００人の大観衆が集まった。野球熱が盛んな中南米だけあって、中学生の野球に対する関心は日本よりもずっと高く、集まった人々もずっと熱狂的だった。会場には当時のカルロス・サリナス・デ・ゴルタリ大統領も訪れて祝辞を述べた。

（大統領が出席するほど、注目度が高い大会なのか……）

周囲の異様な熱狂に、洋平は静かに興奮していた。

前年優勝、ディフェンディングチャンピオンである日本チームの初戦の相手は、優勝候補筆頭のキューバとなった。開会式を終え、多くの地元ファンが見守る中で行われた一戦は、予想もしない波乱の展開となった。

大事な初戦の先発マウンドを託されたのが藤森則夫だ。もちろん、女房役を託されたのは田中洋平。港東ムースバッテリーが世界の大舞台で再現されたのだ。

しかし――。

「この日はまったくダメでしたね……」（藤森）

結論から言えば、日本チームは9対22と大敗を喫してしまう。洋平が続く。

「試合後、監督から〝ラグビーの試合じゃないんだぞ！〟って怒られたことを覚えています。藤森の場合はコントロール勝負のピッチャーだから、日本だと外角ギリギリのボールで相手バッターと勝負していたんだけど、キューバ打線はみんな腕が長くてアウトコースのボールにも手が届くんです。そうなると、藤森の持ち味が生かされなかったんです」

マウンド上の藤森もまた「いつもと違うぞ……」と感じていた。

「満員の球場での最初の試合ということで、舞い上がっていた部分もあったと思います。それでデッドボールを二つぐらい与えてしまって、余計にコントロールを意識するようになったんですけど、日本では打たれないコースでもバットに当てられて……。僕のような遅い球ではまったく抑えられなかったですね」

この言葉にあるように、制球の定まらなかった藤森の死球によって、キューバによる「報復」のターゲットとなったのが洋平だった。

「日本ではほとんどフォアボールも出さない藤森がデッドボールを連発した後、キューバのランナーがホームインするときに、明らかにスパイクの刃を僕に向けて跳んできましたからね（苦笑）」

この試合を報じる地元紙『DEPORTIVA』には、ホームで待ち構える洋平に向かって猛然と突っ込んでくるキューバ選手のスライディング写真が、一面に大きくカラーで報じられている。

洋平と藤森がこの試合を振り返る。口火を切ったのは洋平だ。

「あの頃はまだ日本がキューバに勝ったことがなかった時代でしたけど、本当にキューバは強かったですね。それにしても、あのスライディングはすごかったよね。藤森のせいでオレが危険な目に遭ったんだからな（笑）」

「狙ったわけじゃないんだけどね（笑）。本当かどうかわからないけど、キューバは戸籍制度がきちんと整備されていないって言っていたよね。だからみんな年齢不詳で、明らかに20歳ぐらいの人もいたし……。身体は大きいし、肩も強いし、足も速いし、〝絶対に同年代じゃない〟って、今でも思っているけどね」

「そうそう。ボール回しから全然違っていたもん。あれは絶対に中学生じゃない（笑）」

また、この大会期間中に洋平はさらなる災難に見舞われている。

「ホテルの部屋に置いていたキャッチャーミットが盗まれたんです。野村監督からもらった伊《い》東勤《とうつとむ》さんの青いミットでした」

野村克也の人脈により、多くの球界関係者から道具の提供を受けていたということはすでに述べた。この頃、洋平が愛用していたのが、当時黄金期を迎えていた西武ライオンズの正捕手・伊東勤から贈られた青いキャッチャーミットだった。

そのミットが何者かによって盗まれてしまった。つまり、大事な大会本番において、洋平は使い慣れた大事なギアを失ってしまったのだ。

「考えられるとしたら、部屋の掃除をしてくれたハウスキーパーか、同じ宿に泊まっていたキューバの選手たちか……。それまでもキューバの選手たちから、〝そのTシャツをくれ〟とか、〝グラブを交換しよう〟とか、ずっと言われていたんです。仕方ないから、その後はずっと(高橋)光信のミットを借りて試合に出ましたよ(笑)」

盗難事件の真相は藪《やぶ》の中である。

一次予選・初戦のキューバ戦には大敗を喫してしまった。前途多難な幕開けとなったが、それでも日本代表は翌日から粘り強い戦いを展開する――。

日本代表チーム、世界大会2連覇達成！

初戦こそ悔しい結果となったが、次戦以降、日本代表チームは「前年王者」の名にふさわしい戦いぶりを披露した。

《一次予選》
14日……キューバ戦　●9対22
15日……ペルー戦　○15対0（5回コールド）
16日……ニカラグア戦　○13対0（5回コールド）
17日……ベネズエラ戦　○6対3
18日……ドミニカ戦　○7対1

《一次予選成績》
【グループA】①ドミニカ、②キューバ、③日本、④ベネズエラ
【グループB】①チャイニーズ・タイペイ、②メキシコ、③ブラジル、④韓国

この結果、日本チームはグループA・3位で二次予選進出を決めた。

初戦の大敗を除き、日本チームの緻密《ちみつ》で洗練された野球は圧倒的な強さを誇った。しかし、二次予選で日本の前に立ちふさがったのが一次予選初戦で大敗を喫していたキューバ。さらに、圧倒的な声援を背に受ける地元・メキシコだった。

全日程終了後、渡辺監督は次のように大会を振り返った。

「中南米チームは力がありました。きつかったのは二次予選のキューバとメキシコ戦。どちらも接戦でしたからね……」

この言葉にあるように、二次予選は熾烈《しれつ》な戦いが続いた。

19日……キューバ戦　○3対2
20日……メキシコ戦　○2対1
21日……チャイニーズ・タイペイ戦　●2対5（延長8回）

キューバ相手に被安打6の完投劇を演じたのは外野手として登録されていた立川だった。3回に集中打を浴びて2点を先制されたものの、その後は立ち直り、粘り強いピッチングを披露して味方打線の援護を待った。

日本チームは5回に太刀岡のホームランで1点を返し、6回に高橋のタイムリーで同点に追いつくと、7回には再び太刀岡のツーベースヒットをきっかけに、相手ミスに乗じて勝ち越しに成功。当時無敵だったキューバから殊勲の白星を挙げた。

続くメキシコ戦では調布シニアの平山が好投し、被安打3、1失点の完投勝利。

翌日のチャイニーズ・タイペイ戦では延長の末に藤森がサヨナラを喫して敗れたが、それでも日本チームは2年連続で決勝進出を決めた。


日中の温度は40度を超えていた。言葉も通じず、食事は合わず、衛生的な観点から生水も飲めず、「生野菜も危険」だと注意された。水分補給はコーラでしかできなかった。試合に集中する以前に「環境」との戦いを強いられていた。選手たちの中には体調不良を訴える者もいた。

そんな選手たちを献身的に支えたのが、現地に赴任していた日本人だった。彼らが用意してくれた手作りのおにぎりやミネラルウォーター。そして、地元の日本料理店「明治苑」からの差し入れの弁当。同行した保護者たちも含めて、みんなが日本チームを応援していた。

多くの人々のサポートに対して、選手たちは全力プレーで応《こた》えた。グラウンド内では常にキビキビ動き、グラウンド外でも規律を忘れなかった。

こうした態度や行動によって、現地での日本チームの人気は急上昇した。敵地でありながら、大会が進むにつれて多くの声援を受けるようにもなっていた。試合後には地元の少年たちからサインをねだられたり、写真撮影を求められたりもした。

技術はもちろん、ひたむきなプレー、マナーが評価を受けたからだ。

チームを率いた渡辺監督は言う。

「水もなく、食事も日本にいるようにはいかなかったけれど、それでも優勝できたのはチームワークがよかったから。キャプテンの田中がよくまとめてくれました」

監督の言葉にあるように、7月22日に行われたブラジルとの決勝戦でも、日本チームは統率のとれた戦いぶりを見せて、8対2と勝利。

悪条件の中、見事に大会2連覇を成し遂げたのだ。

大会MVPには決勝戦でも完投勝利を挙げた平山が選ばれた。

「開会式で2万7000人も集まったので緊張しました。ラクな試合は一つもなかったので、MVPに選ばれた実感はありません（笑）」

喜びを爆発させながら、洋平も取材に応対する。

「一次予選初戦でキューバに負けたときには〝もうダメだ〟と思ったけど、それで逆に気合いが入りました。今はただ、最高の気分です！」

急造チームのキャプテンを任され、見事にチームをまとめ上げた。ほんのひとときだけ、夏季大会の屈辱を忘れさせてくれた世界の大舞台を経験したことで、洋平はさらにひと回り野球人としても、人間としても成長した。

《大会結果》
優勝 日本
準優勝 ブラジル
3位 キューバ
4位 ベネズエラ
5位 ドミニカ
6位 メキシコ
7位 チャイニーズ・タイペイ
8位 韓国
9位 プエルトリコ
10位 グアテマラ
11位 ニカラグア

12位　ペルー

7月26日、見事に大会2連覇を成し遂げた日本選手団は無事に帰国する。

ついに世界を制した。しかし、洋平の目標はあくまでも、「港東ムースのみんなと日本一になること」であり、「お世話になった野村監督に優勝報告をすること」だった。

洋平の胸の内には、「ひそかな野望」があった。

（この手で、野村監督の首に優勝メダルをかけてあげたい……）

8月9日からは、中学生活最後の大会が控えている。

第18回日本リトルシニア野球全日本選手権――。

田中洋平の照準は一点に絞られていた。

帰国してすぐに沙知代オーナーへの優勝報告に出向いた。このとき言われた言葉を藤森則夫は今でもハッキリ覚えている。

「世界で勝ったからって、調子に乗ってるんじゃないわよ！」

世界で優勝しても、決して褒めることはなかった。どんなことがあっても、まったく変わらぬオーナーのスタンスは、やはりこのときも同様だった。

野村克也から、井端弘和への電話

この頃、城南品川シニアに所属していた井端弘和は、当時ヤクルトスワローズ監督だった野村克也から、突然の電話を受けている。

港東ムースの野村と、城南品川の井端とでは接点は何もないはずだった。しかし、その交流は野村からのアクションで突然始まった。井端は言う。

「中2の秋のことだったと思います。野村さんは決勝で対戦するチームの視察のために準決勝を見に来ていました。それが、僕たちの試合だったんですけど、その試合後に野村さんに呼ばれたんです……」

この試合で井端はピッチャーとして試合に出場していた。野村が尋ねる。

「君はいい球を投げるな。今、活動は日曜日だけなのか？」

いきなりの質問にとまどいつつ、「はい、そうです」と答えると野村が言った。

「もしよかったら、うちに練習だけでも来ればいい。うちは、火、木、土曜日もやっているから。せっかくならもっと練習した方がいい」

なぜ、自分だけに声をかけてくれたのかはわからなかった。それでも、元プロ野球選手であり、敵チームの監督である野村に目をかけてもらったことは素直に嬉《うれ》しかった。

中学進学時には、誕生したばかりの港東ムースへの入団を考えたこともあった。後になって「入団すればよかった」と思っていた井端にとって、プロ野球の世界で偉大な結果を残した大監督からの直々の誘いは光栄なことでもあった。

「それで、神宮の室内練習場と多摩川のジャイアンツグラウンドに行きました。でも、違うチームに行くのは居心地が悪かったですよ（笑）。経験という意味でも行ったんですけど、港東の選手たちはチームとして戦っているけど、僕は個人という感じでしたから……。それで違和感しかなくて、どんどん遠ざかっていきましたね。中3になるときには野村さんがヤクルトの監督に就任したので、そこからは完全に足が遠のきました」

わずかな期間ではあったが、井端が港東ムースの練習に参加した際には、野村から直々に内野ノックを受けたという。

「当時はピッチャーと外野しかやったことがなかったんですけど、なぜか内野でノックを受けることになって、野村さんからは〝きちんと内野手の投げ方をしなければダメだ〟と言われました」

なぜ野村が井端に内野ノックをし、なぜこんな言葉をかけたのかは、野村の死後、明らかになる。

多摩川グラウンドでは1年生の紀田彰一相手にバッティングピッチャーをやったことを鮮明に覚えている。

「このとき、紀田にバカバカ打たれました。一応、練習ではあったけど、もしも試合で投げたとしても〝これ、まともにいったらやられるな〟って思ったことは覚えています」

野村がヤクルトの監督に就任し、港東ムースからも距離ができてしまった以上、他チームである井端との接点は完全に途切れてしまったものと思えた。

しかし、中学3年生の夏、井端の自宅に突然、野村から電話がかかってきた。

プロ野球はちょうど、オールスターゲーム期間で小休止にあったと記憶している。井端が当時を振り返る。

「どうやって番号を調べたのかはわからないです。突然、自宅に野村さんから電話がかかってきて、〝高校はどうするんだ？　堀越に行かないか〟と、いつものボソッとした口調で言われました。僕としても、野村さんが偉大な人だっていうのはわかるんですけど、思春期の中学生だったので、〝えっ、堀越っすか？　いや、まだちょっと……〟って答えてしまったんです（笑）。そもそも堀越がどんな高校かっていうのも全然わからなかったので。そこで電話を切って、そこから堀越についていろいろ調べたんです」

このとき井端は「地元の神奈川で行きたい高校があるのですが……」と言い、具体的に「横浜商業か、日大藤沢《ふじさわ》を希望しています」と答えている。それを受けて野村は言った。

「それじゃあ、話をつけておいてあげようか」

このときの心境について、井端は自著『土壇場力』(竹書房)において、次のように描写している。


思いがけないことを言われ、僕はどう反応していいかわからなかったが、

「あの野村さんが口を利いてくれるのだから」

とある意味、太鼓判を押されたと勝手に思い込んでいた。自分の希望している高校に行けるんだと思い、有頂天にはならなかったが安心して中学生活を送っていた。


そして、ここから事態は急展開を見せる。

しばらくして、野村沙知代夫人から電話がかかってきたのだ。

「井端君、本当に申し訳ないけど、うちの港東で日大藤沢に行きたいっていう子がいるから、枠を空けてほしいんだけど……」

井端が振り返る。

「沙知代さんにそう言われたので、僕としては〝ああ、もうどうぞ〟、みたいな感じで答えました。そもそも、僕は港東に入っていないわけですから。そうしたら、まるで畳みかけるように、すぐに野村さんから電話がもう一回あったんです。また、〝堀越に入らないか？〟って」

後に、井端は「そもそも最初から堀越で話がついていたんじゃないのか？」と考えるようになる。息子・克則がいる堀越高校に有望な選手を集めれば、克則の悲願である「甲子園出場」も現実的なものになる。ひょっとしたら、有望選手を紹介する便宜を図ることで、学校側から何らかの見返りもあったのかもしれない。

そのために、自分は声をかけられたのではないか？

「今考えれば、日大藤沢の話も本当ではなかったのかもしれません。途中で、そんな思いもありましたけど、それは聞くわけにもいかないし……。結果的には堀越に進んでよかったんですけど、本当は最初から堀越一本で話はついていて、〝どういう風に話を持っていこうか〟って考えていたのかなって、そんな気もしています」

翌春、港東ムースから日大藤沢高校に進学した者はいなかった。

このとき野村は、井端にこんなことも告げている。

「高校に行ったら、もうピッチャーは辞めて、ショート一本でいきなさい」

それまで内野手の経験はほとんどなかった。

どうして、野村がこんなことを言ったのか？

後に球界を代表する名ショートとして大活躍する「ショート・井端弘和」誕生のきっかけは、
間違いなくこのとき野村が発した「このひと言」だった。

一体どうして、野村は井端にショートを勧めたのか？

その謎は、野村克也の死後明らかになる——。

第六章

「野村監督は、僕のお父さんのような人です」

「最後の大会」、全日本選手権開幕！

１９９０（平成2）年8月8日午後3時、日本青年館５０２号会議室――。

翌9日から13日にかけて開催される第18回日本リトルシニア野球協会日本選手権大会に向けて、各チームの監督・主将会議が行われた。日本リトルシニア野球協会の藤峰武一大会委員長の開会のあいさつに始まり、出場チームの紹介、大会規約の説明などがつつがなく執り行われた。

今大会に参加するのは全24チーム。関東連盟からは瀬谷シニア、江戸川南シニア、東練馬シニア、杉並シニア、調布シニア、中本牧シニア、相模原シニア、浜松シニア、浜松南シニア、そして港東ムースの10チームで、明治神宮野球場、駒沢公園硬式野球場、江戸川区球場の３カ所で熱戦の火ぶたが切られる。

翌９日の午前8時半から、神宮球場で開会式が行われた。

選手宣誓を務めたのは瀬谷シニアの平馬淳キャプテンだ。これまで、何度も大役を任されてきた田中洋平は、胸の内に秘めたる思いを抱きながらそれを黙って聞いていた。

（絶対に野村監督に金メダルを渡すんだ……）

中学生活最後の大会が始まる。

胸の炎は燃え盛っていた。

港東ムースの初戦は浜松シニア戦となった。

先発マウンドを託されたのは藤森則夫。キャッチャーはもちろん洋平だ。藤森は絶好調だった。中学3年生になり、自慢のコントロールはますます冴《さ》え渡っていた。

藤森が投げたら打たれない——。

チームの誰もが、絶対的な信頼を寄せていた。この日も、その信頼に応《こた》えるように、すいすいと快調なピッチングを披露。5対1で快勝した。

続いては信越連盟の須坂《すざか》シニアとの一戦が組まれた。

初回、いきなり港東ムース打線が爆発する。一死満塁から木村義昭、野口晃生の連続タイムリーヒットなどが飛び出して一気に6点を奪った。

この日も藤森がマウンドに上がり、相手打線を圧倒。1点も許さず、味方打線の大量援護もあって7対0、5回コールド勝利でベスト4進出を決めた。

藤森の安定感は群を抜いていた。翌日の準決勝の相手は日頃から関東連盟で対戦している瀬谷シニアだった。団監督としては当然、藤森を起用したかった。

しかし、ここで投げれば3連投となる。仮にこの試合に勝ったとすれば、翌13日には決勝戦も控えている。成長過程にある中学生に4連投させるわけにはいかない。

そうなれば、結論は一つだった。

準決勝は藤森を休ませて、野村克也の助言でシュートが冴え渡っていた戸井田忠人を先発させるだけだ。ここで勝てば中1日の休みをおいて藤森を決勝戦で起用できる。

戸井田の右腕にチームの期待がかかっていた。春季大会では連日にわたって好投を続けていた。十分、頼りになるアンダースローだった。

洋平がこの日を振り返る。

「序盤はずっと負けていました。確か2対0とか、2対1だったと思います。試合中、〝これはまずいな〟と思ったことは覚えていますね。でも、戸井田が粘り強いピッチングで何とか試合を作ってくれました」

洋平の記憶にあるように、瀬谷シニアは戸井田忠人の立ち上がりを攻めて初回に2点を奪い、試合の主導権を握った。ベンチから戦況を見守っていた藤森が述懐する。

「この日、僕は試合に出ていません。ベンチで見ていて、途中までは、〝これは負けだ、ああ、終わった〟って思っていました。〝自分の出番はもうないまま、ここで終わりなのかな〟みたいな気持ちでした。当時の瀬谷はすごく強かったですから」

しかし、4回裏にようやくチャンスが訪れる。

一番・稲坂匠、二番・平井祐二、三番・田中洋平、四番・紀田彰一の連続ヒットで1点を返す。なおも一死満塁のチャンスは続く。ここで打席に入ったのが五番・木村義昭だ。

この場面については、今回話を聞いた全員が鮮明に記憶していた。

「試合中盤に満塁になったんです。この場面で僕はセカンドランナーで、打席に入ったのは木村でした。打った瞬間の光景までハッキリと覚えています」（洋平）

「序盤は重苦しい展開が続いていたんですけど、ようやく満塁のチャンスを作ることができました。僕もヒットを打つことができて、この場面、僕は三塁ランナーでした。もう、打った瞬間に確信しましたね」（平井）

木村のバットが一閃《いっせん》する。

打球は一瞬で神宮球場レフトスタンドに飛び込んだ。スタンド中段に運ぶ弾丸ライナー。大逆転となる満塁ホームランだ。

試合後、戸井田忠人は報道陣にこんなコメントを残している。

「最初はきつかったですけど、あのホームランでラクになりました」

初回以外は瀬谷打線につけ入る隙を与えなかった。団監督は言う。

「選手たちがみんな、自分の仕事をきっちりとしていますね」

6対2――。見事な勝利で決勝進出を決めた。対するのは関東の強豪・調布シニアを撃破して勢いに乗る藤井寺《ふじいでら》シニアだった。

この試合に勝てばチーム創設3年目にして、初めての、そして待望の全国制覇が実現する。選手たちは燃えていた。もちろん、洋平も恩師・野村克也に捧《ささ》げる金メダル獲得に並々ならぬ熱意を燃やしていた。

翌13日、戦いの舞台は神宮球場だ。

そこには、ヤクルトの監督としてペナントレースを戦っている野村の姿があった。この日の夜、同じく神宮球場で読売ジャイアンツ戦を控えていた。それでも、教え子たちの奮闘を自分の目で見届けるべく、野村は神宮に駆けつけたのだ――。

ついに、野村克也に金メダルを手渡した

決勝戦はもちろん、エース・藤森則夫に託された。本人がこの日を振り返る。

「決勝の藤井寺シニア戦は私が投げました。この日はあまり調子はよくなかったんですけども、相手もあんまり調子がよくなくて、何とか試合を作ることはできましたね」

洋平にとっては前日までよりは心理的な余裕もあった。

「自分としては、いける気はしましたね。瀬谷戦がかなり緊迫した内容だったので、それよりは〝全然いけるかな〟と思ってやっていた記憶がありますね」

2回表に先制を許したものの、3回裏には洋平の犠牲フライですぐに同点に追いついた。さらに4回裏には相手エラーに乗じて2点を加えた。6回には津坂崇が貴重なスクイズを決めてダメを押した。

試合は終盤を迎えようとしていた。


藤井寺シニアの先発を託された山本克幸は孤軍奮闘していた。

台風11号が関東地方を直撃したことによる試合日程の変更もあって、過密日程を余儀なくされた。その結果、山本はわずか24時間以内の間に二回戦、三回戦、準決勝を一人で投げ抜き、さらにこの日も先発投手として自軍の命運を託されていたのだ。

試練の4連投、山本の奮闘は人々の胸を熱くするものだった。

3年生は九名。予選から大会本番まで、すべての試合を九人で戦ってきた。「全員野球」で全国大会決勝まで上り詰めていた。

しかし、港東ムースの壁は厚く、そして高かった。

試合は4対1で港東ムースが勝利した。

3日間で4試合を一人で投げ抜いた山本は、試合後に笑顔で言った。

「さすがに疲れました……。もう肩が張ってしまって……。でも、みんなのためにも頑張りました。胸を張って帰りたいと思います」

決勝前夜、チームメイトがエースの全身をマッサージしてくれた。だからこそ、「みんなのためにも」という言葉が漏れたが、善戦むなしく涙を呑《の》むことになった。

藤森が振り返る。

「結局、完投で抑えることができました。3点差ぐらいつけて勝ったんだと思います。港東としても初の全国優勝だったので正直嬉《うれ》しかったです。でも沙知代さんからの圧力も結構強かったので、〝優勝して当たり前〟みたいな気持ちと、ホッとした気持ちと両方ありましたね」

最終回、ウイニングボールをつかんだのは洋平だった。

キャッチャーへのファールフライを、自らの手でつかんだ瞬間、待望の「全国制覇」が実現した。母のために、そして、師である野村のために、洋平はついに夢をかなえたのだ。

個人成績は、全4試合を戦って11打数4安打、打率・364という結果だった。

しかし、個人の記録などどうでもよかった。このメンバーで「最後の夏」を制したことが心から嬉しかった。

バックネット裏の記者席から戦況を見つめていた野村がつぶやく。

「胃が痛くなる試合だったねぇ……。クリーンアップは打てないし、藤森のボールは走っていないし……」

グラウンドでは少年たちの手によって、団監督の胴上げが始まった。続いて神宮の宙を舞ったのが洋平だ。チームメイトたちから、キャプテンに対する感謝の思いを込めた胴上げとなり、もちろん、藤森も文字通り「胴上げ投手」として夏の空に舞った。

そして、私服姿の野村克也がグラウンドに現れた。

その姿を見つけた洋平が真っ先に駆けつける。彼の手にはもらったばかりの金メダルが握られていた。

互いに固い握手を交わす。野村はどこか照れくさそうな、それでいて教え子たちの奮闘を誇らしく感じているような小さな笑顔で「おめでとう」と口にした。

そして、洋平は野村の首に金メダルをかける。笑顔でそれに応じる野村。かけられたばかりの金メダルを手にしながら、野村と洋平は再び固い握手を交わした。

大会前に抱いていた洋平の悲願がついにかなったのだ。およそ2年半前にチームの分裂というアクシデントから誕生した港東ムースがとうとう全国のトップとなったのだ。

グラウンドでは野村や保護者も交えた記念撮影が続いた。ベンチ裏では「ビールかけ」ならぬ、「麦茶かけ」が行われた。

創設3年目にして、ついに港東ムースは全国制覇を成し遂げたのだ。

サンディエゴ遠征でつかんだもの

歓喜の全国優勝から3カ月が経過した11月21日、都ホテル東京・醍醐《だいご》西の間は華やいだ空気に満ちていた。この日、シニア関係者や選手たちの保護者など、およそ300名が集まって、「優勝祝賀会」が行われていた。

日本リトルシニア野球協会の林和男理事長が祝辞を述べる。

「創設3年目での日本一は野村沙知代オーナーの情熱、育ての親、野村克也氏の豊富な野球理論、そして監督、コーチの指導力の結晶です」

沙知代オーナーからは、「今日は3年生の旅立ちの日です」とのあいさつの後、チームの年間個人賞が手渡された。

最高殊勲選手賞に輝いたのはもちろん洋平だ。最優秀投手賞はエースの藤森則夫。洋平は力強く宣言した。

「高校に行っても、港東ムース出身として恥ずかしくないように頑張ります」

この日の光景を鮮やかに記憶しているのがシダックス・志太勤である。

この日、志太は協会幹部としてパーティーに出席していた。そこで、卒団式における沙知代オーナーの発言に感銘を受けている。

「壇上にいる3年生たちに対してサッチーが祝辞を述べたんです。〝あんときはぶん殴っちゃって悪かったわね〟とか、〝馬鹿野郎呼ばわりしてゴメンね〟とか、決してきれいな言葉じゃないんだけど、選手一人一人に対してとても温かみのある言葉を投げかけていました。その一方で、〝お前は足が速いんだから、それを生かして高校でも頑張りなさい〟とか、〝その強肩を生かして、高校では大投手を目指しなさい〟とか、選手の特徴をしっかりと見ていたことに驚くと同時に、すごく感激しました」

乱暴ではあっても、その根底には選手たちへの深い愛がある。沙知代オーナーに対する毀誉《きよ》褒貶《ほうへん》は確かにあったものの、志太はそう感じていた。

ここから、志太と沙知代オーナーとの交流が深まり、さらに野村との関係が築かれていくことになる。一方では、沙知代オーナーのこうした言動が、後に港東ムース崩壊の原因となるのだが、それは第八章で詳述したい。

平井祐二はこのとき沙知代オーナーからかけられた言葉をハッキリと記憶している。

「中2の冬休みにアメリカ・サンディエゴでベースボールキャンプに参加する機会がありました。年末年始の9日間、アメリカに行ってメジャーリーガーの指導を受けるものでした。その成果なのか、翌年の春先にはものすごく打つようになって、それ以来僕は《春の珍事》と呼ばれるようになったんです（笑）」

平井の言葉を補足すると、88年、そして翌89年、野村は住友VISAをスポンサーとして、渡航費用約1000万円を捻出《ねんしゅつ》。88年には1期生の克則も含め、田中洋平、藤森則夫ら港東ムース選手を中心に21名の中学球児をアメリカに派遣。平井は翌89年にアメリカに渡っていた。

このとき、現地でいろいろ取り仕切ったのが第四章で登場したケニー野村である。英語が堪《たん》能《のう》な団野村が引率をして、サンディエゴでは当時パドレスに在籍していたトニー・グウィンが指導に来たという。平井の話は続く。

「最後の優勝祝賀会でのあいさつで、沙知代オーナーに、〝冬から春にかけて、お前がいちばん伸びたな〟って言われました。それまで、いろいろ厳しいことも言われたし、手を出されたこともあったけど、要所要所でモチベーションを上げるのが上手なんです（笑）」

平井は野村からも直々に褒められている。

「野村監督に、〝打てるようになったきっかけは何か？〟って聞かれたから、〝サンディエゴに行って価値観が変わった気がします〟と答えました。このとき、アメリカ人コーチにめちゃくちゃ褒められたんです。そこで初めて野球の楽しさを発見した気がします。野村監督に〝あぁ、アメリカに行って何かをつかんだんだろうな〟って言われたことを覚えています」

このサンディエゴ遠征について、洋平が述懐する。

「今、平井が言ったように、沙知代オーナーは要所要所で僕たちを支えてくれました。理不尽なこともありましたけど、このアメリカ遠征では僕らはほとんどお金を出していません。アメリカではディズニーランドにも連れていってもらいました。結局は雨で中止になったけど、ドジャー・スタジアムで試合を見る予定もありました。野村監督は自分を犠牲にしながら僕らの見聞を広めること、野球のボトムアップ、人気アップを意識していたと思います。それを沙知代オーナーが支えていました。オーナーのことをいろいろ言う人はいるし、問題も多かったと思うし、理不尽ではあったにしても、僕は悪くは言えないんですよね……」

一方、２００１年に発行されたケニー野村の著書『グッバイ・マミー』には、「十二年前当時」、つまり平井らが参加した１９８９年当時、参加費用は「一人三十万円を超えていた」との記述がある。

実際の経費以上に水増しした額によって、その一部を着服していたようなニュアンスの記述であるが、その実態は定かではない。洋平にも藤森にも、そして平井自身にもその家族にも、三十万の費用を支払った記憶はないという。

この野球教室に参加した洋平、藤森、平井はいずれも、「中学時代に《世界》を自分の目で見ることのできた貴重な経験でとても嬉しかったし、とてもいい勉強になったと今でも思っている」と語っていることを付記しておきたい。

「野村監督は、僕のお父さんのような人です」

優勝祝賀会、そして卒団式は終始和やかなムードで行われていった。この日のクライマックスは、洋平の「お礼のあいさつ」にあった。

ジャージ姿の洋平が壇上のマイクの前に立った。その後ろには卒団していく3年生が神妙な顔つきで並んでいる。中央にいるのはスーツ姿の野村克也、団野村監督、着物姿の沙知代オーナーである。

用意していた紙を手にして、洋平が感謝の言葉を述べ始めた。

今日はこんなにすばらしい優勝祝賀会を開いていただきありがとうございます。僕はキャプテン、キャッチャー・三番、田中洋平です。僕たちは多摩川巨人グラウンドで育ちました。いつもオーナーには「ヘボキャッチャー」と言われ、試合が始まるといちばん最初にオーナーのでっかい声が僕の頭の中に響きます。

行儀、礼儀はとても厳しく教えられました。僕たちにはいちばん恐い人です。最後に初めて褒められました。「お前は最高のキャプテンだったよ」と。次の日は雨でした。

めったに褒めない沙知代が褒めてくれたことが嬉しかった。少しだけ照れくさいから、「次の日は雨でした」と冗談にまぶして、その思いを吐露した。

沙知代オーナーの瞳《ひとみ》はすでに潤んでいた。スピーチはさらに続く。続いては野村への感謝の思いだ。

野村監督は優しい人です。僕たちは手取り足取り、毎回来る日も来る日も同じことを教えられ、頭の中へ叩《たた》き込まれました。春の大会で神宮球場において選手宣誓も出ました。教えられたこと、選手宣誓ができたこと、ともに生涯忘れません。

野村監督は僕のお父さんのような人、尊敬しています。

その瞬間、洋平は背後に「異変」を感じた。

静かにすすり泣く声を確かに聞いたのである。

背後を確かめることはできなかったけれど、涙を流しているのは間違いなく野村だった。洋平の言葉はなおも続く。


僕は、母子家庭に育ち、父は8年前、病気で亡くなりました。母は今乳がんと闘っています。この夏優勝できたので、母に本当の親孝行ができたと思います。これから高校生活が始まります。母は「あと3年は一生懸命生きるからね」と毎日言ってくれます。高校でも早くレギュラーになり、母に僕の高校のユニフォーム姿を見せてやりたいと思っています。


背後のすすり泣きはさらに大きくなっていた。このとき、野村がハンカチを手にして、人目もはばからずに号泣していたことを洋平は後に知った。

野村もまた母子家庭で育ち、母は二度のがんに苦しんだ末に天に召された。

洋平の言葉によって、自身の境遇がよみがえったのだろう。

戦争で父を亡くしたのは野村が3歳の頃のことだった。6歳の兄と自分、二人の男の子を懸命に育てたのが病弱な母だ。

野村が小学校2年生のときに、母は子宮がんを患い、3年生のときには大腸がんになった。以来、家計はますます苦しくなり、幼い日の野村はアルバイトをしながら家計を支えることになる。後に野村の代名詞となる「月見草」の存在を教えてくれたのは母だった。

夜空の下にひっそりと咲く月見草を見て、「まるで自分のようだな」と感じたと本人は言う。野村は自著『野村克也からの手紙　野球と人生がわかる二十一通』（ベースボール・マガジン社）において、こんな言葉も残している。


子どものころ、畑仕事を手伝い、夕方を過ぎて家に帰る途中、道端できれいな花を見つけました。お日様も沈み、すっかり暗くなった中、小さな花を咲かせているのです。

不思議に思い、家に帰って母ちゃんに「あの花はなんだろう?」と聞きました。

そして「あれは〝月見草〟って言うんだよ」と教えてもらいました。

暗くなってから人知れず、花を咲かせる月見草。プロ入り後、一軍で活躍できるようになったとき、ふと母ちゃんとの会話を思い出しました。

だから、言ったんです。

「ONがさんさんと降り注ぐ太陽の下で咲くひまわりなら、俺は月の下で咲く月見草だ」と。

だれも見てくれない中、一生懸命花を咲かせる。

あれは俺にも、母ちゃんの人生にもぴったりの花でした。

母ちゃんもまた、月見草

母に対する野村の愛情、そして思慕は深かった。

そんな野村にとっての幼い頃の希望であり、救いであり、癒《いや》しとなったのが野球だった。

グラウンドでボロボロのボールを追いかけている間だけは辛《つら》い現実を忘れることができた。

貧乏であるがゆえに友だちからいじめられたり、からかわれたりもした。裕福な家庭の子どもたちが集まるクリスマス会や誕生会には一度も招かれたことがなかった。

しかし、野球が得意だった野村はグラウンド上では輝きを放つことができた。母は決して野球をすることに賛成ではなかったけれど、それでも、野村少年にとっては野球があれば幸せだった。日々の辛《つら》さを、いや人生を、野球に救われていたのだ。

それはまさに、洋平の境遇とぴったりと重なるものであった。だからこそ、洋平の言葉は野村の琴線に触れた。記憶の扉を大きく揺さぶることになった。

野村は泣いた。人目もはばからずに泣き続けた。

母の涙、そして生きる決意

この日、会場の片隅には洋平の母・和子の姿もあった。壇上で立派にスピーチをする息子の姿は実に頼もしかった。涙が止まらなかった。

(こんなに立派になったのなら、いつ死んでもいい……)

つい、そんな思いにもなった。

病気はさらに深刻化しており、乳がんはすでに脊髄《せきずい》に転移していた。痛みのために眠れない日々が続いていた。立っているだけでも脂汗が流れ、吐き気を催していた。

死期が近いことは、自分でも理解していた。だからこそ、洋平のスピーチにあったように、「あと3年は一生懸命生きたい」と心から願っていた。

高校生になった息子の雄姿をこの目で見たい。その思いはさらに強くなっていた。立派になった息子の晴れ姿に、胸がいっぱいになっていた。

洋平のあいさつはさらに続く。今度は団監督への感謝の思いだ。

アメリカから、僕たちのために帰ってきてくれた団監督。僕たちはわずか8カ月一緒に野球ができました。春の関東大会優勝。夏はダメでしたが、何とか団監督とともに全国大会で優勝し、神宮球場のベンチ裏で麦茶をかけ合ったこと、夢のようです。団監督も喜んでくれました。僕たちも恩返しができてよかったと思います。

最後に調布の渡辺監督とは台湾遠征、世界大会では遠いメキシコまで行き、僕たち4人は本当にお世話になり、心から感謝しております。林理事長さん、僕たちにこんなにすばらしい活躍の場を与えてくださり、目標と目的を持たせてくださってありがとうございました。

オーナー、これからはいつもと同じでっかい声を出して、「この野郎」「馬鹿野郎」と後輩たちを手厳しくやってください。

終わりに多摩川巨人グラウンドのおでん屋のおじさんおばさん、お世話になりました。シニア関係の方々、僕たちをサンディエゴ野球教室に送ってくださった住友VISAの方々、みなさん本当にお世話になり、ありがとうございました。

平成2年11月21日

港東シニア元キャプテン　田中洋平

実に感動的なスピーチだった。洋平の言葉は出席者の胸を揺さぶった。そんな息子が、母は誇らしかった。先に逝った天国の夫にいち早く報告したかった。

母の胸の内には、生きる決意が芽生えていた。

（洋平、あと3年は一生懸命生きるからね……）

最後の最後まで、洋平は立派なキャプテンであり続けたのだ——。

3年生たち、それぞれの進路

田中洋平キャプテンをはじめとする中学3年生たちも、高校進学の時期を迎えていた。

洋平は沙知代オーナーの強い勧めにより、堀越高校への進学を決めた。港東ムースからは、木村義昭も堀越進学を決めていた。洋平が述懐する。

「本当は東亜《とうあ》学園に行きたいと思っていました。でも、沙知代さんに〝堀越以外は許さない〟と一喝されました。それならば、野球はもう断念して普通に学業に専念しようかと、都立高校を一般受験することも考えました。でも、やはり沙知代さんの強い勧めで木村と一緒に堀越高校に見学に行き、そこで監督にあいさつをしたことは覚えています」

前章で紹介したように、城南品川シニアの井端弘和も堀越に進学することになった。

メキシコで行われた世界大会で4勝1セーブを記録して、大会MVPに輝いた調布シニア・平山和典も堀越高校に進学する。

そうそうたるメンバーが堀越に集うことになった。愛息・克則が新3年生となる1991年、沙知代による「堀越強化計画」は着々と進んでいた。

港東ムースのエース藤森則夫は創価高校に、平井祐二は関東第一高校に、稲坂匠は藤嶺《とうれい》藤沢高校に、それぞれ進学することを決めた。藤森が言う。

「当時、（野村）克則さんもいらっしゃって、港東の主力はほとんど堀越に行くような流れができていました。私にも、〝堀越はどうだ？〟みたいな話もあったんですが、そのときの堀越の監督に、〝藤森君は高校では通用しない〟みたいに言われたことがあって。〝ちょっとそういう監督の下では続けられないかな〟っていう思いで堀越はお断りさせていただいたんです」

自分でも、「確かに僕のボールは速くない」と自覚していた。しかし、「甲子園に行きたい」という思いは、港東ムースでの3年間を通じてさらに強くなっていた。

「確かに自分でも、〝高校じゃ通用しないのかな〟っていう思いもありましたけれど、もちろん、〝甲子園に行きたい〟という夢もありました。けれども、〝堀越だと試合には出られないんだろうな〟と思いました。それで、自分の実力で試合に出られるところを考えたときに、創価高校の方に熱心に見に来ていただいていたので、〝ここでなら成長できるかな〟という理由で最終的に決めました」

後に港東ムース出身者の多くが創価高校に進むことになる。その端緒となったのは藤森だったのかもしれない。平井も当時を振り返る。

「僕の場合は、〝桐蔭《とういん》学園はどうだ？〟と言われました。もしもあのときに行っていたら、僕も高橋由伸《たかはしよしのぶ》と同期だったんですけどね（笑）。でも、すぐに関一（関東第一高）からも話が来て、こちらに進むことを決めました」

メキシコでの世界大会をともに戦ったチームメイトたちも、それぞれ新たな道に進むことになった。

東大和シニアの杉本武則は猛勉強の末に早稲田実業学校に合格した。

世界大会で盗塁王に輝いた浜松南シニア・山本啓輝は地元の浜松商業高校、最高打率を記録した太刀岡功（越谷シニア）は県内の強豪・浦和《うらわ》学院高校、四番として打線を牽引《けんいん》した高橋光信（中本牧シニア）、野中英治（杉並シニア）、平馬淳（瀬谷シニア）はいずれも横浜高校へと進むことを決めた。

それぞれが、それぞれの思いを抱き、新たな目標「甲子園」を目指すことになった。

少年たちの「第二章」が始まろうとしていた。

＊

91年3月25日、そして翌26日の『日本経済新聞』夕刊紙上において「親の死に負けず」という文章が掲載された。これは、連載企画「子供たちはいま」の一環であり、その主役となったのが洋平である。

この記事には、夫の死を受けての、母の洋平に対する思い、そして願いが綴《つづ》られている。


母親の和子さん（50）と、長男の敏也君《ママ》（20）、洋平君という三人の生活が始まった。和子さんは「恥ずかしいことだけはしてはいけない」と厳しく男の子二人を育ててきた。

「勉強ができないのは恥ずかしいことじゃないよ。どういう友達と遊んでもいい。いい悪いは自分で判断しなさい。人間として恥ずかしいこと、それだけはやってはいけない」というのが教育方針だった。「母子家庭だから、と後ろ指差されることだけはいやだった」と和子さんは振り返る。

だからこそ、かつてコミックを万引きしようとして見つかったとき、母は烈火のごとく洋平を叱りつけたのだった。

この文章の中で、小学3年生のときに野球を勧めた理由として、洋平には「打ち込めるものが必要」と判断したためだと母は語っている。その判断は正しかった。

26日掲載分では、この時点での母の病状について触れられている。

田中洋平君(15)の母、和子さん(50)の乳ガンが発見されたのは、父、公雄さんが亡くなった二年後。和子さんが四十五歳の時だった。美容師をしていた和子さんは、乳ガンの手術後も電話番などをしながら家計を支えてきたが、最近は再び調子がよくない。「立っているだけで脂汗が出てくるようで、すぐに横になりたくなる。痛み止めに頼らないと眠ることもできないようになってきた」という。

堀越高校進学に当たって、洋平は自宅を出て寮生活を始めることになった。自宅を出ることを勧めたのは母だったという。

この春、長男の敏也《ママ》君（20）は大蔵省に入り、研修のために半年間家を留守にする。洋平君も高校に入学し、つい最近、寮生活を送るため家を出た。「母を一人にするのは心配でしょうがない」という洋平君に寮生活を勧めたのは和子さんだった。「私もこれからは満足に子供の食事など作ってあげられなくなるかもしれない。自分の病気と闘うためにも一人のほうがいいと思った」と話す。

母を残して自宅を留守にする辛さについて、洋平の言葉は切なく響く。

背中や腰の痛みのため、和子さんは毎日からだの至る所に湿布薬を張っている。その湿布を張り代えるのは息子たちの役目だった。入寮する前の晩、洋平君はいつものように母親の背中に湿布薬を張りながら、「ぼくも寮に入ったら半年くらいは帰ってこないかもしれないね。効き目が半年間持つ湿布があったらいいのにね」と言ったという。

母は「息子の晴れ姿を見るために一日でも長生きしたい」と切望し、息子は「母のためにも一日でも早く就職して少しでもラクをさせてあげたい」と願った。

洋平の将来については、こんな記述がある。

「何とか洋平が就職するまでは生きていたい」という和子さんに対し、「父がいないから一日でも早く社会に出て母親を楽にさせてあげたい」と洋平君は言う。人間にとって最大の問題とされる「死」に直面したこの十五歳の少年はあまりにもけなげだ。

立派な社会人となって、少しでも母を支えたい。この大目標を実現すべく、まずは名門・堀越高校で少しでも早くレギュラーの座を勝ち取り、チームメイトとともに甲子園に行って、母にその雄姿を見せることを目標とした。

一方の母は、「一日でも長生きしたい」と、切に願った。

結論を言えば、母の願いは天に通じた。洋平が無事に社会人となるまで、母は息子とともに残された時間をまっとうする。

しかし、洋平の決意は残念ながら脆《もろ》くも崩れ去ることになる。

それも、本人がまったく予期せぬ形で……。

第七章

スワローズ2連覇、ムース4連覇！

4年目のムース、2年目の野村ヤクルト、新1年生の田中洋平

1991（平成3）年、港東ムースの4年目が始まった。

新3年生の一部は野村克也の指導を受けてはいたが、団野村監督就任後に入団した選手がほぼすべてとなる新しい代の始まりとなった。

野村克也はヤクルトスワローズ監督2年目を迎え、前年5位からの浮上を目指していた。また、田中洋平、藤森則夫、平井祐二、稲坂匠ら「3期生」たちは、それぞれが、それぞれの道で「高校球児」として、甲子園を目指すことになった。

港東ムースの中心となったのは、後に横浜高校から横浜ベイスターズ入りする紀田彰一、社会人野球のローソン、シダックスで活躍し、その後も野村と深い関わりを持つことになる野口晃生だ。

前年の全国制覇を受けて、新入団選手が殺到した。有望選手が自ら「ムースに行きたい」と考えるようになっており、「優勝効果」は絶大なものがあった。

89年に港東ムースに入団し、野村の指導を受けた数少ない一人が野口である。

「入団したときには背番号《46》をもらいました。たぶん、46番目の入団だったんだと思いま

す（笑）。港東の場合、プロ野球でいう一軍は青いユニフォームを着ていたので、《ブルー組》と呼ばれていました。いわゆる二軍じゃないですけど、チームに入ったばかりの僕たちは練習用の白いユニフォームを着ていたので、《白組》と呼ばれていました」

ベンチ入り25名に選ばれれば、名誉ある《ブルー組》の一員となり、そうでない者は《白組》のままとなる。誰もが「青いユニフォーム」に憧《あこが》れていた。もちろん、野口もまた「早くあの青いユニフォームを着たい」と期する思いを抱いていた。

そして、才能ある野口はすぐに野村に目をかけられることになる。

港東ムース入団前には姉との口論をきっかけに父親から「もう野球なんて辞めてしまえ」と叱られたものの、野口にはやはり非凡な才能があった。中学1年の秋、新チーム発足早々、ベンチ入り25名の一人に選ばれた。

「野村監督がヤクルトの監督になる直前の最後の采配《さいはい》、1989年の秋の関東大会で僕たちは初めて優勝しました。そのときにはベンチに入っていたので、中1の秋には背番号《17》をもらっていました。でも、正直言えば〝絶対にレギュラーになってやる〟というよりは、とにかくがむしゃらに一生懸命にやっていたら、知らないうちにベンチに入れていただいていたという感じだったと思うんです……」

体格も大きく、技術面でも格段にレベルが違っていた上級生たちについていくのが精一杯だった。ただひたすらに、目の前の練習に喰《く》らいつくだけだった。

この頃、神宮外苑《がいえん》をひたすら走っていた記憶が強く残っている。

「あの頃は、神宮外苑をずっと走っていました。当時、瀬古《せこ》（利彦《としひこ》）さんもよく走っていたことを覚えていますね。あれが確か1周1・3キロほどだったと思うんですけど、神宮室内で練習が始まる前は毎回、ウォーミングアップを兼ねたタイムランをずっとやっていました。あれはちょっときつかったですね……」

きつい練習を耐え忍んだことで、野口は見事にベンチ入りを勝ち取ったのだ。


この頃、野村は時間を見つけては港東ムースの試合に駆けつけていたという。

神宮球場でスワローズの試合があるときには、室内練習場に顔を出し、選手たちを激励していた。野口は言う。

「ヤクルトの監督になられた後も、やっぱり僕らのことが気になるようで、神宮室内はもちろん、多摩川の巨人グラウンドの試合も頻繁に見に来ていました。大体、僕らが一塁側ベンチに入るんですけど、あるときからベンチの壁がなくなったんです。野村監督はいつもそこに座っていたので、試合中でも後ろからぼやくのが聞こえるわけです」

規定では、もちろん「部外者」はベンチ入りできない。あくまでも、野村は「一観客」として、「観戦、応援」していることになっていた。

「でも、実際には壁はないし、僕らのすぐ後ろに座ってしゃべっているから、〝次はストレートや〟みたいに、全部聞こえるんです（笑）」

港東ムースへの情熱は、依然として野村に残っていたのだ。

田中洋平、井端弘和——堀越高校入学

病気の母を残しての寮生活が始まった。

堀越高校1年の田中洋平も、新しい第一歩を踏み出していた。幸いにして、母の体調は小康状態を保っていた。病状が悪化して、突然の呼び出しがあることも覚悟していたが、その心配は杞憂《きゆう》に終わった。母に心配をかけないためにも、一日でも早くレギュラーとなって、自分の雄姿を見せたいと誓っていた。

堀越では、港東ムースの先輩だった野村克則がキャプテンを務めていた。克則が在学していたからこそ、沙知代オーナーは洋平の堀越入学に熱心だったとも言えた。

「僕が堀越に入学したとき、３年生の克則さんがキャプテンでした。克則さんの印象は、中学

のときからずっとそうなんですけど、本当に優しいんですよ。やっぱり高校に行くと殴る、蹴《け》るがあったり、上下関係が厳しかったりしたんですけど、克則さんだけは本当に優しく接してくれました。僕が港東の後輩だからというわけじゃなくて、全員に優しかったです。厳しいことも言いますけど、基本的にものすごく優しいのと、ものすごい努力家でしたので僕は尊敬していました」

マメが潰《つぶ》れて血が噴き出し、その状態で皮膚が固まっていびつになっていた克則の手のひらを、洋平は今でもハッキリと覚えているという。

同時に入学した仲間には城南品川シニア出身の井端弘和もいた。克則同様、後にプロ野球の世界に進む有望選手が集い、悲願の「甲子園出場」を目指していた。

入学したばかりの井端にとって、全国を制した港東ムースのキャプテンである洋平は一目置くべき存在だったという。

「中学時代から、彼のことはすでに意識していました。港東で《三番・キャッチャー》ということは、よっぽどチームから信頼されていたんだなって思うし、全国制覇したチームのキャプテンでしたからね。中学時代、僕はピッチャーだったけど、当時はどのチームもまずは三番バッターを見ていました。四番じゃないんですよ。いちばんアベレージもいいし、長打も出るのが三番でしたから。だから、まずは洋平を見て、〝これか、ムースの三番は。要注意だぞ〟って。言い方は悪いけど、四番の紀田は〝確かによく打つけど、粗さもある〟って風の便りで聞いていました。で、五番の木村は、〝パワーだけ〟みたいなイメージで見ていましたね」

井端の口から出た木村義昭も、同じタイミングで堀越入りしていた。

前年の全国大会準決勝、瀬谷シニア戦で神宮球場のレフトスタンド中段に弾丸ライナーを放り込んだパワーはひと際光っていた。つまり、91年度の堀越野球部には、港東ムースの「三番打者」と「五番打者」が同時に入学していたのだ。

当時の洋平の印象について、井端が続ける。

「堀越に入学して、周りを見たときに、自分ら1年の中で、〝この人が将来的にこのチームを引っ張っていくんだろうな〟っていう筆頭が洋平でした。まあ、無条件で彼がリーダーシップを発揮していましたね」

洋平のリーダーシップ、キャプテンシーについて井端が説明する。

「入学直後って、まだそれぞれのことをよく知らないから、お互いが遠慮がちになっていて、物事がうまく進まないじゃないですか。でも、そういうときに彼はテキパキと、全部ポンって決めてくれるから、もう自然とその流れで物事が進むんです。最初、〝さすがジャパンのキャプテンだな〟みたいに感じていましたね」

一方、洋平から見た井端の印象はどうだったのか？

「入学直後は、体力的に慣れるためにめちゃめちゃ走ることが中心で、あんまりボールを握らないんです。で、ある程度の基礎体力作りが終わって、実際にボールを使い始めたと思ったら、急に井端が3年生に帯同し始めました。高校に入学したばかりの1年生なのに、すぐに超高校級の3年生たちと一緒に練習をしているんです。だから、〝あぁ、見る人が見たらわかるんだな〟という感じで見ていました。同級生なんだけど、この時点ですでに僕らとは全然違いましたから」


中学時代、井端は城南品川シニアのエースピッチャーだった。チームとしては決して強くはなかったが、チームの主力として活躍していた。

しかし、第五章で詳述したように、進路を考えていた頃、「高校ではピッチャーはやめて、ショートにしなさい」と、野村からの突然の電話が入った。

井端はその教えを忠実に守った。「急造ショート」でありながら、入学早々、早くも3年生との練習を許されたのだ。本人が当時を振り返る。

「1年生の5月だったんですけど、2年生が修学旅行に行っていたのかな？　理由は忘れたけど、先輩たちがいなくて、その日のバッティング練習のときに〝1年生が守れ！〟って言われました。内心では、〝みんなどこを守るのかな？〟って思いつつ、ショートに行くかどうか迷っていたんですけど、誰も行かないからショートを守っていたら、次の日から《札》がかけられていたんです……」

井端が口にした「札」について、洋平が解説する。

「堀越の野球部では、練習のときに《攻撃隊》《守備隊》に分けられるんです。それは監督が決めるんですけど、《攻撃隊》は《一番隊》《二番隊》《三番隊》と分かれていて、《一番隊》はレギュラークラスで、《二番隊》はサブ、そして《三番隊》がベンチに入れるかどうかの瀬戸際の選手たち。ノックを受けるときには、まずは《一番隊》が先頭で、その後に《二番隊》が並ぶんです」

初めてショートのポジションについた翌日の練習ボード、《攻撃隊》の《二番隊》に、自分の名前があった。井端の話は続く。

「授業が終わって、まず《札》を確認します。そこを見て、〝うわ、今日グラウンドに入れる〟みたいな感じ。《一番隊》と《二番隊》の、全部で20人ぐらいがグラウンドで練習できて、残りはできないんです。1年生の名前は入ってないから当然グラウンドにも入れない。でも、その日は僕の名前があったんです」

中学時代はずっとピッチャーだった。内野手経験は小学生時代にまでさかのぼることになる。

それでも井端には非凡な才能があった。

「それまで、ショートなんて一度も習ったことがないので、完全な自己流で守っていました。それでも、3年生の《一番隊》の超高校級の先輩たちから、〝お前、なかなかいいよ〟とか言われて舞い上がった記憶がありますね。でも、僕としては何も教わってないんで、本当にこれでいいのか悪いのかもわからない状態で、ずっと自分の中ではモヤモヤしていましたね。とにかく、飛んできたボールを捕る。捕って投げる。ただそれだけしかないんですよね。〝これで合ってるのかな？〟って（笑）」

当時の井端について、洋平の見解を聞こう。

「体幹も強かったから、逆シングルで滑り込みながら捕る感じとか、〝あれは真似できないな〟って思って見ていました。グラブさばきも上手だったし、とにかく球際に強かった。難しいハーフバウンドも、ピッて捕ってヒュッて投げちゃう。すごかったですよ」

堀越高校入学早々にして、「ショート・井端弘和」はその才能を開花させようとしていた。

1991年、ヤクルトは3位に、ムースは2連覇達成！

ヤクルト監督就任時に、「1年目は種を蒔《ま》き、2年目に水をやり、3年目に花を咲かせる」と宣言した野村克也は、就任2年目の「水やり」の時期を迎えていた。

正捕手として起用した古田敦也の躍進は目覚ましかった。

かつて、港東ムース時代に田中洋平に行ったように、試合中には必ず自分の前に座らせて、一球ごとに相手バッテリーの配球の意図について説いた。また、自軍の守備が終わり、古田がベンチに戻ってくるとすぐに呼び寄せて、そのイニングの配球について問うた。

その姿は、しばしばテレビカメラで捉《とら》えられ、お茶の間にも届けられた。

この光景を寮のテレビで見ていた洋平は、かつての自分の姿を重ね合わせていた。

中学時代の師がプロ野球の世界で戦っている姿を見るのは、洋平にとってもいい発奮材料となっていた。


この頃のヤクルトの試合を見ていて、洋平と同じ感慨を抱いたのは藤嶺藤沢高校に進学した稲坂匠だ。

拓大紅陵高校時代に正捕手として甲子園に出場し、1986（昭和61）年ドラフト4位でヤクルト入りしていた飯田哲也。野村が監督に就任すると、その強肩を見込まれて正捕手候補の一人となった。しかし、天性の肩の強さに加えて飯田には目を見張る俊足があった。

ルーキー・古田の存在もあって、飯田はセカンドへのコンバートを打診された。さらに、野村ヤクルト2年目となる91年には、当初は外野手として獲得したはずの新外国人選手、ジョニー・レイが二塁手としての出場を直訴。その結果、飯田は「強肩、俊足」を買われてセンターを守ることになった。

キャッチャーからセンターへ――。

それは、かつて自分が歩んだ道と同じだった。稲坂もまた、飯田へのシンパシーを感じながら、野村の標榜《ひょうぼう》する「ＩＤ野球」を見守っていた。

「センターにコンバートされてから、飯田さんがどんどん実績を残していくのを見て、〝自分もこういう選手になりたいな〟という思いは強く持っていました。元々はジャイアンツの松本匡史さんのファンだったけど、この頃には飯田さんのファンになっていました。それに、ムース時代に神宮の室内練習場で練習していると、ヤクルトの選手が来て、僕らの練習を見て拍手をしてくれるんです。だから気がつけばヤクルトファンになっていましたね（笑）」

洋平も口をそろえる。

「飯田選手が台頭してきたとき、肩も強くて、足も速くて、しかも一番打者でしたから、〝まるで匠のようだな〟って感じたことを覚えています」

前述したように、この年亜細亜大学からプロ入りした高津臣吾はこの後、野村から「遅いシンカーをマスターしろ」と命じられることになる。

それは、港東ムース時代の戸井田忠人と同じ系譜をたどるものだった。

ヤクルトにもムースの命脈は保たれていたのだ。


野村の就任2年目となった91年、ヤクルトは3位に躍り出た。１９８０年に2位になって以来、実に11年ぶりのAクラス進出となった。

プロ2年目の古田は中日ドラゴンズ・落合博満《おちあいひろみつ》との激しいデッドヒートを制して首位打者に輝いた。捕手の首位打者は、野村以来となるプロ二人目の快挙であり、セ・リーグ捕手としては初となる偉業であった。

スワローズが躍動していた。

池山隆寛、広沢克己（広澤克実）の「イケトラコンビ」がブレイクし、セ・リーグの台風の目となっていた。野村の目指す野球が少しずつ完成形に近づいていた。

そしてこの年、港東ムースも団野村監督の下、2年連続の全国制覇を成し遂げた。

野村が残した財産を、団が見事に引き継いだ。シニアリーグにおいて、「港東ムース」という名前はすでに一大ブランドとなっていた。

ヤクルトスワローズも、港東ムースも、結実のときを迎えようとしていた――。

G.G.佐藤、港東ムースへ

1991年春、港東ムースに一人の少年が入団した。

小学生時代には千葉・市川《いちかわ》リトルでプレーしていたものの、チーム成績はあまり芳しくなかった。「このままではお山の大将になる。中学では強いチームでプレーしたいな」と考えていたところ、前年に全国制覇した港東ムースの存在を知った。父と相談の上、「いちばん強いチームで実力を磨こう」、そう考えてリトル終了後の中学1年の春、少年は港東ムース入りを果たした。

佐藤隆彦《たかひこ》――、後のG.G.佐藤である。

「身体が大きい選手がすごく多かったし、神宮球場の室内練習場みたいなところも見たことなかったし、〃こんな環境で練習できるのか……〃って驚きました。実際に入ってみたら、やっぱりすごい選手も多くて、僕自身はまったく目立つ存在ではなかったです」

練習初日、今でも忘れられない出来事がある。

「最初の練習のときに、いきなり沙知代オーナーから〃お前、シャキッとしろ。このくそジジイ!〃って怒られました。さらに、〃お前、ジジくさいな〃って言われました。それを横で聞いていた団さんが、〝いいね、ジジイ、いいね〟ってバカ笑いをしたんです。で、団さんはあだ名をつけるのが大好きなので、この瞬間から僕のあだ名は《ジジイ》になりました。こんなかわいらしい僕に対して、《ジジイ》ですからね（笑）」

練習初日、佐藤少年はいきなり「ジジイ」と命名された。そして、後に法政大学卒業後、アメリカのチームにテスト入団する際に、団のアドバイスで「日本の名前だと読みづらいし、覚えづらいから《G.G.》でいいんじゃないの？」とアドバイスをされた。それが、現在まで続く「G.G.佐藤」の由来となった。

「そうなんです。だから、《G.G.佐藤》の名づけ親が沙知代オーナーであり、アレンジしたのが団さんなんです（笑）。本名の《佐藤隆彦》って、あんまり好きじゃなかったので、むしろ新しい名前ができた感じで嬉《うれ》しかったですね。中学時代にもそう呼ばれていたし、今でもずっと使っていますけど、なんか本当の自分が見つかったような感じで、すごく嬉しかったのを覚えています」

入団時には野村克也の存在はまったく意識していなかった。

しかし、神宮室内で練習していると、しばしば野村が現れて自分たちにアドバイスを送ってくれた。その姿を目の当たりにして、G.G.はさらに驚いた。

「ちょうど、ヤクルトが強くなっていく時期と重なっていましたから、〝この人はすごい人なんだ〟って、徐々に認識していくような感じでした」

恵まれた練習環境が誇らしかった。しかし、G.G.自身はなかなか結果が出なかった。前年に全国制覇したことで、各地から優秀な選手が集結していたからだ。港東ムースの選手層は一気に厚くなっていた。

「僕はずっと補欠でした。ようやく自分たちの代になって初めてレギュラーになれました。周りはみんなホームランバッターでしたから、僕は《二番・サード》で、小技ばかりしていました。本当に周りのレベルは高かったですから（笑）」

後に西武ライオンズの主砲として活躍する「G.G.佐藤」の姿からはまったく想像できない中学時代だった。

「港東はとにかく試合中心に回っていました。新年1月3日からすでに試合が組まれていました。〝100本の素振りより、10本の打撃練習より、試合の1打席〟、そんな感じでした。後にアメリカで野球をやったときも、まさにそんな感じでしたけど、団監督の方針なのか、とにかく試合で学ばせる。その姿勢は徹底していましたね」

補欠の日々は続いていたけれど、気がつけばG.G.の実力も向上していた。

G.G.と同学年で主力となったのが大口正人《おおぐちまさと》だ。
東京・新宿の軟式野球チーム「東戸山《ひがしとやま》スリースターズ」でプレーしていた大口は「中学では強いチームで野球をしたい」と考えていた。ちょうどその頃、「野村監督のチームがあるよ」と教えられ、港東ムース入りを決断した。

「ちょうど、一つ年上の先輩も港東に入っていたし、野村監督が作ったチームだし、前年には全国制覇も実現していたので、迷いなく港東に入ることを決めました。強いチームに入っていく不安は全然なくて、むしろ楽しみで仕方なかったです」
G.G.が口にしたように、この代はかなりレベルが高かったという。
「後に実感しましたけど、当時からすでに練習自体が高校レベルでした。練習の段階からエラーをしてはいけなくて、普段から緊張感を持って練習していました。試合でも、〝負けは許されない〟という雰囲気でした。僕は1年生の終わり頃にレギュラーになったんですけど、今から思えば、僕が在籍していた3年間は負けませんでした。負けた記憶がありません。僕たちの一つ上の代もほぼ負けていなかったと思うし、僕たちも最強でした。それぐらい圧倒的に強かったです」

3年間無敗――。

誕生からわずか数年にして、港東ムースは圧倒的な強さを誇っていた。大口が強さの秘密を解説する。

「やっぱり、団監督の存在が大きかったと思います。団さんはクセ盗み、サイン盗みがすごく上手で、相手の盗塁はほぼ見破っていました。相手が走ってくるときは、〝走るぞ！〟ではなくて、〝カモン！〟って言っていたんですけど、団さんがこの言葉を発するときには必ず相手チームは盗塁してきました。相手がやらないことをやっていれば、それは当然、強いと思います。当時、僕たちは子どもながらに、〝この監督についていけば勝てるぞ〟という思いが強くありました」

それは、チーム誕生当時に少年たちが野村克也に抱いたものと同じ感想だった。団もまた、「野村イズム」を踏襲していたのだ。

余談となるが、大口は後に団の紹介で野村の運転手を務めることになり、その関係は野村が亡くなるまで続いた。大口にとって、港東ムース入団はその後の人生を大きく変えることとなったのだ。

田中洋平に起こった「異変」

野村が監督を務めるヤクルトスワローズも、古巣である港東ムースも順調に歩んでいた中で、田中洋平には試練が訪れていた。

病気の母を残しての寮生活が始まり、甲子園を目指す厳しい練習の日々。少しずつ、洋平の体調に異変が生じていく。チームメイトだった井端弘和が振り返る。

「彼はものすごく頼りになる存在だったので、僕たち1年生は何か困ったことがあると、すべて洋平に相談していました。監督に怒られるたびに、〝洋平、何とかしてくれよ〟と。みんなが洋平を信頼していたから、誰もが彼に頼る、頼る、頼る……。それで吐く、みたいなことに……」

このとき井端は、「吐く」と言った。

食べたものを戻したのではない。吐血したのだ。

厳しい練習に耐えながら、懸命に白球を追っていた。自宅に残した母の体調を気遣いながら、レギュラー奪取を目指していた。

しかし、高校1年を終えて2年生になる頃、洋平は突然の体調不良に見舞われる。

新1年生が入学し、2年生に進級した春、胃の痛みに耐えながら脂汗を流していたある夜のことだった。92年春、チームはセンバツ出場を果たしており、洋平もベンチ入りしていた。学校中が野球部に注目していた頃のことだ。

みぞおち辺りに鈍い痛みを感じていた。時間の経過とともに、その痛みはさらに大きくなる。そして、あまりの激痛に身悶《みもだ》えしていた明け方。洋平はついに耐えられずに、這《は》うようにしてトイレに向かった。まともに立ち上がれず、電気を点《つ》けることもできない。暗闇の中、何とかトイレに向かい、ようやく便器の前にたどり着いた。

その瞬間——。

身体の奥から、突き上げるような衝撃が走った。暗くてよく見えない。しかし、それは間違いなく胃液とともに吐き出された血の塊であった。

「あまりにも胃が痛くて寝られませんでした。吐き気を催して、這いつくばったまま電気も点けられず暗闇の中トイレに行きました。そこで一気にバーッと吐いたんですけど、それは血だったと思います。電気を点けていないのでよくわからないですけど、間違いなく血だったと思います。で、〝救急車を呼ばなくちゃ〟と思いつつ、その一方では〝あまり大ごとにしたくない〟という思いもあって、急患を受け付けていた近くの医療センターまで、何とか歩いていきました……」

すでに空は白み始めていた。

しかし、運が悪いことに、たまたまその日は月に二度の休診日だった。痛みと苦しみの中で、洋平は少し離れたところにある病院に駆け込んだ。

医師による診察の結果、胃潰瘍《いかいよう》と診断され、そのまま入院することになった。原因は心労によるものだった。

井端が口にしたように、「ものすごく頼りになる存在だった」洋平は、親身になって同級生たちの悩みや相談事に乗った結果、自らの身体を壊してしまったのである。井端が言う。

「みんな監督に怒られたりしたら、〝洋平、何とかして〟って、どんなことでも彼を頼りました。それこそ、全員で〝何とかして、何とかして〟って。1年生が二十何人いて、何か困ったことがあれば、全部彼が解決してくれるんで、彼に頼り切りでした。そのせいで彼は身体を壊してしまったんです……」

港東ムースの卒団式において、野村克也、沙知代オーナー、ともに過ごした仲間たちから「高校でも頑張れ」とエールを贈られたあの日から、1年以上が経過していた。わずか1年余りで、こんな試練に見舞われるとは思ってもいなかった。

希望に燃えて入学した春の日から、再びの春の日が訪れていたこの日、洋平にとっての「高校野球生活」は、実質的に突然の終焉《しゅうえん》を迎えたのである——。

何もかも変わっていた2カ月間の退院後

田中洋平の入院期間は2カ月に及んだ。季節は夏を迎えようとしていた。

退院後、練習に復帰してみると、あらゆることがそれまでとは一変していた。

2年生の中での「キャプテン」的な立場から、「副キャプテン」に変わっていた。それにより、洋平の負担は一気に減った。

「退院後、負担はかなり減りました。それまでは監督から、〝この代はお前がまとめろ〟と言われ、キャプテンみたいな役割だったんですけど、戻ってみたらもう、《キャプテン》という立場ではなくなって、別の人間がその役目を任されていました。そして、グラウンドでのキャプテンとグラウンド外のキャプテンと、別の人間二人で仕切るようになっていました。僕はもう何も関わらなかったですね。一応《副キャプテン》という立場にはありましたけど……」

洋平の入院期間中に何が起こったのか、井端が説明する。

「彼の入院中、監督にもどやされました。めちゃくちゃ怒られました、〝お前らのせいだ〟って。監督以外にも多くの人に叱られました。自分たちでも、〝洋平が入院することになったのはオレらの責任だよな〟と思っていたし……。それで、洋平の負担を少しでも減らすようにみんなで話し合いました」

それまで、洋平一人で取り仕切っていたことを「グラウンドの内側と外側」の二人で管理するようになった点について井端は言う。

「本来、彼があんなことにならなかったら、全部一人でできたと思うんです。でも、そこは僕らの未熟さで、グラウンドの中と外と二人つけないとうまくまとまらない。一人じゃ全部賄えないし、まだ技量がないから二人つけたんです。洋平が身体を壊さなければグラウンド内外、一人でできたと思いますけど、彼以外では二人でやるしかなかったからです」

野球以外の雑事に関する負担は大きく減った。「洋平の負担を減らしてあげて」と高校サイドに働きかけたのは沙知代オーナーだったと、洋平は卒業後に知ることになる。

今後はプレーに専念し、レギュラーキャッチャーを目指すだけだった。

しかし、実質わずか2年4カ月ほどの高校野球生活において、２カ月を入院に費やし、退院後もなかなか体力が回復せず、本調子に戻らなかった洋平は、この時点ですでにレギュラー争いから脱落することになった。

「夏が過ぎ、秋を迎える頃には体力は戻っていたと思います。でも、気持ちはすでに折れていました。心身ともに万全な状態でなければレギュラーなど目指せないのに、どうしてもその状態には戻りませんでした。メンタル面が弱くて、〝なにくそ！〟というよりは、〝もういいや〟

という気持ちになっていたんです……」

母親をはじめとする多くの人々の期待を背に受けて堀越高校に入学した以上、最後まで野球部生活をまっとうするつもりだった。それでも、もはや洋平からは野球にかける体力も、気力も、そして情熱も失われつつあったのだ。

1992、1993年、結実のとき——

田中洋平が高校2年生となった1992年、野村克也監督率いるヤクルトスワローズは14年ぶりのセ・リーグ優勝を果たした。「3年目に花を咲かせる」と宣言した通り、有言実行、就任3年目での快挙となった。

日本シリーズでは、当時黄金時代を迎えていた西武ライオンズを相手に3勝3敗、第7戦までもつれ込んだものの、延長戦の末に涙を呑《の》んだ。

ヤクルトの黄金時代が幕を開けようとしていた。

一方の港東ムースも5期生となるキャプテン・吉田好太《よしだこうた》の下、全国大会3連覇を達成していた。吉田は後に桐蔭《とういん》学園からマイナーを経て、近鉄バファローズに入団する。全国のシニアリーグにおいて、早くも「名門」としての地位を確立することになった。

堀越高校の洋平は、少しずつ体調が回復し、再び白球を追いかける日々が始まっていた。

レギュラーとしての道は絶望的だったが、「高校球児」としての残された時間を存分に燃やし尽くそうとしていた。

高校卒業後、大学、社会人で野球を続ける——。

すでに、その思いは消えていた。病床の母のためにも、母の近くにいて、少しでも家計の足しとなるように、すぐにでも働きに出るつもりだった。だからこそ、限られた高校生活を満喫するべく、気持ちを入れ替えて日々を過ごしていた。


翌93年は、ヤクルトスワローズにとっても、港東ムースにとっても、そして堀越高校にとっても、さらなる飛躍の1年となった。

前年に日本シリーズに敗れ、悔しい思いとともに「捲土重来《けんどちょうらい》」を期していた野村、そしてヤクルトナインはペナントレースを順調に勝ち抜き、2年連続でセ・リーグを制覇。

日本一をかけた大舞台となる日本シリーズで、再び西武ライオンズと激突した。

ヤクルト・野村と、西武・森祇晶《もりまさあき》による「知将対決」は詰むや、詰まざるやの息詰まる死闘となった。前年同様、2年連続で第7戦までもつれ込んだものの、ヤクルトはついに前年の雪辱を果たして15年ぶりの日本一となった。

秋晴れの西武球場で、野村が宙を舞った。

港東ムース監督として、少年たちにデータを重視した野球を叩《たた》き込み、そこでの成果を踏まえて、再びプロ野球の世界に戻った4年目、ついに日本一に輝いたのだ。

野村にとっては、監督として初めての「日本一」の称号だった。


港東ムースも盤石の戦いぶりを満天下に見せつけた。

大口正人が「この3年間は無敗でした」と口にしたように、さらなる強さを発揮して、今でも破られていない前人未到の4年連続日本一の偉業を成し遂げたのだ。

優勝メンバーの一員となったのがG.G.佐藤だった。

「全国大会のときには野村監督も駆けつけてくれました。そこで、いつも球種を予言していました。〝次、カーブだぞ〟とか、〝次はストレートだ〟とか。どんな根拠があったのかは僕にはわからなかったけど、それが全部当たっていました。球種がわかると、かなり打てるんです。それは団さんも同様でした。あの頃の港東は本当に強かったと思います」

日本一達成後、G.G.は野村と一緒に記念撮影をした。野村とともに写るG.G.少年は、照れくさそうな、それでいて誇らしげな表情をしていた。

現在も破られていない、史上初となる４連覇を成し遂げた団野村は言う。

「振り返ってみても、〝やった、４連覇だ！〟という思いよりは、毎年毎年、その時々のメンバーとともに1試合1試合全力で戦って、結果的に優勝できたという思いですね。優勝した瞬間の子どもたちの喜ぶ顔を見て、〝山の頂上に立ったんだな〟って感じました。ビールかけの代わりに、お水かけ、麦茶かけをしました。みんなで大騒ぎをしたことは、私の中では今でもいい思い出になっています」

田中洋平が高校3年生となった堀越高校は夏の甲子園出場を決めていた。

西東京大会では洋平も、背番号《12》をもらい、ベンチ入りを果たしていた。

出番は与えられなかったものの、チームは快進撃を続けた。

猛烈な追い上げを喰《く》らいながらも準々決勝で駒大高を破り、日大二高との準決勝を勝ち上がり、決勝では国士舘高を撃破して、5年ぶり4回目の夏の甲子園出場を決めた。

西東京大会ではベンチ入りを果たした。同級生たちも「甲子園でも背番号《12》は洋平に」と願い、その後押しをした。しかし、監督の判断により最後の最後で、洋平はベンチ入りを実現できなかった。

「このときは猛烈に悔しかったです。ずっと頑張ってきた同級生たちと一緒に戦いたかった。

その思いが本当に強かったです。一緒にベンチにいたかった。その思いは今でもとても強いです……」

洋平のベンチ入りはかなわなかったが、井端弘和はリードオフマンとして大活躍した。さらに、2年生ながら二番を務めたのが港東ムース出身の野口晃生だった。井端、野口の「一、二番コンビ」は他チームの脅威となった。

エースの座には洋平とともに「第二回世界少年野球大会」に出場し、大会MVPに輝いた平山和典が君臨していた。

甲子園では、一回戦の西条農高に1対0で勝利したが、二回戦の鹿児島商工高戦では8回降雨コールドで涙を呑んだ。

この瞬間、洋平にとっての高校球児としての生活に、そして野球選手としての日々にピリオドが打たれることになった。

野球への未練はなかった。病身にありながらも、苦しい家計の中で思う存分に野球を続けさせてくれた母への感謝の思いしかなかった。

これからは、一社会人となり、母を支えながら新たな人生を歩むだけだ。

すがすがしい思いで、洋平はこの瞬間を迎えていた――。

一度は辞退した、優勝記念ハワイ旅行

甲子園出場の興奮が一段落して、それぞれがそれぞれの進路を確定させていた頃のことだった。３年生みんなでハワイに行くことになった。それは、学校の修学旅行であると同時に、野球部員としては悲願の甲子園出場を祝った「優勝記念旅行」という側面もあった。

しかし、洋平はこれを辞退している。

野球生活が終わった以上、これ以上母に負担をかけるわけにはいかなかったからだ。井端はこのときのことをハッキリと記憶している。

「甲子園に行った後に、みんなで優勝旅行じゃないけど、修学旅行でハワイに行くことになりました。でも、洋平は旅行を断りました。このときに初めて、彼が母子家庭であること、家計が苦しいことを知った気がします。そして、監督だったか、部長だったかに、〝お前ら、それでいいのか？〟と言われました。それで、〝何とかみんなで行ける方法を考えろ〟と言われました。でも、僕らは〝そんなこと言われても、一体、どうすりゃいいんだよ〟という思いでした……」

これを受けて、洋平が言う。

「そんなことがあったんだ。僕はみんなに迷惑をかけていたんですね……」

しかし、結果的に洋平もハワイ旅行に行くこととなった。詳しい経緯を洋平は知らない。井端によると、「おそらく副校長を中心に学校サイドが何らかの形で工面してくれたんだと思う」という。洋平が言う。

「僕も詳しいことはわからないですけど、野球部の部長先生か副校長とうちの母親が話し合っていたことは覚えています。きっと、学校側が費用の一部、あるいは全額を負担してくれるという話だったと思うんですけど、母はそれを断って何とかお金を工面してハワイに行かせてくれたんだと思います」

こうして、洋平もまた苦楽をともにした仲間たちとハワイの地を踏むことになった。

「野球で海外に行ったことはあったけど、純粋にバカンスとして、旅行としての海外は初めてだったので、いい思い出になりました。このときの写真も残っているし、みんなと一緒に行けて本当によかったと思っています」


小学生の頃に父を亡くした。ほどなくして母の闘病生活が始まった。

決して裕福だったわけではないけれど、それ以降もずっと野球を続けることができた。そして、中学生の頃に港東ムースで野村克也と出会った。

それまで経験したことのない奥深い野球理論に、すぐに夢中になった。練習終わりに、野村に誘われて高級焼肉店に何度も連れていってもらった。

緊張して満足に話すこともできなかったし、照れ屋の野村もまた、気さくに優しい言葉をかけてくれたわけではないけれど、それでも野村が自分に期待し、目をかけてくれていることは十分理解できた。

メキシコで行われた世界大会ではキャプテンとしてチームを優勝に導いた。

中学生活最後の大会では、創設3年目にして、悲願の全国制覇を成し遂げた。歓喜の瞬間、恩師である野村の首に金メダルをかけることもできた。

卒団式で述べたように「野村監督は僕のお父さんのようだ」と感じていた。

生前の野村は、「親孝行な人間は伸びる」という言葉を残している。野村の死後に発売された『野村克也全語録』にはこんな一節がある。

どんな仕事であっても、親や家族のため、あるいは他人にいえない事情を背負って、頑張っている人たちがいる。そんな人たちの人となりを見ていると、仕事への取り組み方に向上心があったり、生き方が謙虚だったり、毅然としているところがあったりするなど、仕事が上達する素質を持っているように感じる。

この言葉の背景には洋平の存在が意識されていたのではないだろうか？

いずれにしても、自らの境遇に重ね合わせて、野村は洋平をかわいがっていた。

そして、沙知代オーナーの期待を受けて、堀越高校に入学した。

高校では思うような結果を残すことができなかった。胃潰瘍で入院し、それ以降は本調子にはほど遠い日々が続いた。

野球への情熱も、以前とは違うものになっていた。レギュラー捕手にはなれなかったけれど、すべてをやり切った達成感があった。

高校生活がついに終わる。社会人としての新たな生活が始まる。

ヤクルトスワローズも、港東ムースもついに結実のときを迎えていた。田中洋平もまた、新たな第一歩を踏み出そうとしていた——。

第八章

港東ムース、無念の消滅——

ヤクルトから、阪神へ、そして……

1993（平成5）年――。

監督としては、自身初となる「日本一」の称号を手にした野村克也は、その後もヤクルトスワローズ監督として一時代を築き、名将としての地位を確立していた。

95年、97年と隔年でリーグ制覇、日本一を達成して神宮球場の夜空に舞った。93年には正力《しょうりき》松太郎《まつたろう》賞を受賞。89年の野球殿堂入りと合わせて、野球人としては最高の栄誉を手にすることになった。

98年限りでヤクルトの監督を辞すると、翌年からは同一リーグである阪神タイガースの監督に就任した。90年代後期、阪神は暗黒時代の渦中にあった。ヤクルト時代に名将の名をほしいままにした野村の手腕に注目が集まった。

しかし――。

阪神ではまったく結果を残すことができなかった。就任1年目となる99年には55勝80敗0分、勝率はわずか・407、首位の中日ドラゴンズとは、実に26・0ゲーム差も離された完敗となった。

翌2000年、さらに01年も状況は変わらず、屈辱の3年連続最下位となった。01年のオールスター期間中、野村は阪神・久万《くま》俊二郎《しゅんじろう》オーナーに、「今シーズンも最下位なら辞めさせてもらいたい」と自ら申し入れている。

しかし、野村の自著『女房はドーベルマン』（双葉社）によると、「久万オーナーの意思は《野村続投》で固まっていたようだ」とある。確かに最下位ではあったけれど、「年々チーム力は向上している」とオーナーは感じていたという。

そして、この席上で「野村続投」が決定した。結果的に3年連続最下位となったが、02年も野村は阪神の指揮を執ることが決まっていたのだ。8月2日に監督契約を更新。球団は、翌シーズン以降も野村体制で臨むと発表した。

しかし、それは現実のものとはならなかった。

シーズンオフを迎えていた12月5日、沙知代夫人は約5億6800万円の所得を隠し、法人税と所得税あわせて2億1300万円を脱税したとして、法人税法違反（脱税）などの疑いで東京地検特捜部に逮捕された。

同日深夜に野村は監督辞任を決意し、翌6日未明に開かれた会見で正式に発表された。深夜に突然開催され、質疑応答もなかったために報道陣からは批判の声が殺到した。

前掲書で野村は、このときの心境を次のように振り返っている。

辞任の記者会見では辞める事実以外に話すことは何もなかった。それが正直な気持ちであった。深夜の、しかも質疑応答さえない会見に対して批判があったことは知っている。しかし、申しわけないがあのとき質問されても語るべきものは何もなかった。何を言っても言いわけにしか聞こえないと思えたのだ。

こうして、野村は再びユニフォームを脱ぐことになった。妻のしたこととはいえ、それは野村にとって大打撃となる痛恨の一大事であった。

そして、沙知代に関する一連の動きは、当然のごとく自らがオーナーを務める港東ムースにも大きな影響を及ぼした。それについては、後に詳述したい。

「ノムさんももう終わりだ……」

野球関係者の誰もがそう思っていた。

野村克也、66歳の年の瀬のことだった――。

10期生・田中彰はオリックス、13期生・須永英輝は日本ハムへ

90年、3期生である田中洋平の代から、93年のG.G.佐藤の代にかけて、港東ムースは全国大会4連覇という偉業を成し遂げた。

しかしその後は、10期生には後にオリックス・バファローズに入団する田中彰《たなかあきら》、13期生には日本ハムファイターズに入団する須永英輝《すながひでき》が在籍していたものの、それでも全国制覇を実現することはできなかった。10期生のキャプテンを務めた田中が回顧する。

「中学2年生までは団さんが監督を務めていました。でも、ちょうどこの頃から団さんは、日本人選手のメジャーリーグ行きの代理人業務が本格化し始めました。かなり忙しかったようで、あまり練習にも参加しなくなって、ある日、〝監督が代わるから〟ということで、中学3年生の頃に次の監督に代わったんです」

映画『メジャーリーグ』主演のチャーリー・シーンのような黒縁メガネをかけていたことから、田中は団から「チャーリー」と名づけられていたという。彼の発言にあるように、この頃、団は多忙を極めていた。95年に野茂英雄《のもひでお》がロサンゼルス・ドジャースに入団。団はその代理人を務めていた。団監督が当時の港東ムースについて振り返る。

「野茂選手がアメリカに渡った95年は、まだ港東ムースの監督を務めていました。ただ、この頃からとても忙しくなって日本に滞在する期間が短くなっていました。それで、確か96年だったと思います。この年に監督を辞めました。辞めた年だったかな、この年は全国大会には出場したけど、完全に僕の采配《さいはい》ミスで負けてしまいました。この頃には《打倒港東ムース》という声をよく聞きました。いつの間にか、追う者から追われる者になっていて、有望な選手も〝ムースを倒したい〟と、他のチームに入ることが増えてきました。敗れはしたものの、子どもたちへの指導は変わりませんでした。継続して野村監督時代と同じことを教えていたけれど、チームとしての結果を残すことはできませんでした」

そして、退任の理由を団は次のように語る。

「監督を辞めることを決めたのは、選手の起用法とか、采配についてサッチーとケンカになったからです。そこに成績を残せなかったことが重なって僕は辞任を決意しました」

水面下でこのような事態となっていたことは、当然田中少年は知らなかった。

「あるとき、野茂さんが多摩川グラウンドで練習しているのを見たこともありました。団さんが監督を辞めてからは、一時期だけコーチの方が監督代行を務めて、その後は清水さんが監督となりました」

田中が口にした「清水さん」とは、小平《こだいら》シニアから創価高校を経て、93年に野村が率いるヤクルトに入団。プロでは結果が残せずに一軍での出場がないまま、95年限りで退団した清水千曲《ちくま》のことだ。団の後任監督として、沙知代オーナーが重視したのは、「自ら手本を示せる人物が監督にふさわしい」ということだった。そこで、ヤクルトを退団したばかりで、まだ20代前半だった清水に白羽の矢が立ったという。

清水監督時代は、関東連盟の地区ブロックは突破するものの、関東大会の壁は厚く、全国大会出場はかなわなかった。有望な選手が分散され、かつては威力を発揮した「野村の教え」は他のチームにも、すでに広まっていた。

10期生の田中彰に続いて、港東ムース出身者として最後にプロ野球選手となったのが、後に埼玉・浦和学院高校から日本ハムファイターズ入りした13期生の須永英輝だ。高校時代にはエースとして春夏三度の甲子園に出場した須永は清水監督時代の在籍となった。

「清水監督からは常々、〝頭を使え〟と言われていました。初めの頃、僕はなかなかサインが覚えられなくてチームに迷惑をかけたんですけど、常に〝今、この場面ならどんなサインが出るかな？〟と考えるクセが自然と身につきました。監督からは、〝常に考えろ、常に先を読め〟と教わったことを覚えていますね」

そして須永は、「港東ムース時代に後の基礎を身につけた」と語る。

「港東のときに左バッターのアウトコース、右バッターのインコース、いわゆる《クロスファイヤー》を徹底的に磨きました。清水監督やコーチからの指示でしたけど、重点的にそこにばかり投げる練習をしました。ストレートの精度が磨かれたこと、しっかりとコースに投げ分けるコントロールを身につけたこと。それが僕の中学時代でした。このストレートとコントロールがあったから、高校1年のときから試合に出ることができたし、甲子園に行くこともできたんだと思っています」

野村がチームを去ってから、すでにかなりの時間が流れていた。しかし、野村はこの時点でもなお積極的に港東ムースに関わりを持っていた。田中彰が述懐する。

「神宮でヤクルト戦があるときには、試合直前まで室内練習場で港東の練習を見ていました。そこでも長時間のミーティングがありました。僕らはそれを直立不動で聞いていました。野村さんは土日に行われる僕らの試合を観戦することはできなかったけど、それでもビデオで試合をチェックして、いろいろアドバイスをしてくれました。このとき、たくさんのことを教わったことを覚えています」

田中が記憶しているのは「挟殺プレーの正しいやり方」や、「同じ塁に二人の走者がついたときに先にタッチをする走者」について、あるいは「外野に打球が飛んだ際の内野手の位置、カバーリング」など多岐に及んでいた。

「今から思えば、中学野球のレベルを超えていました。高校野球、大学野球、社会人、ときにはプロで経験するようなことを中学生向けに話してくれました。技術的なこともそうだし、ルールについてもいろいろ教わった記憶があります。僕はかつて、カープでスコアラーを務めていました。そのときはもちろん、野村さんに教わったことは今もずっと役に立っています……」

港東ムース時代に学んだことが、広島東洋カープのスコアラーを経て、現在はカープアカデミーの臨時コーチとして、プロの世界で奮闘している田中の礎となっていた。

「ミッチー・サッチー騒動」の余波を受けて

さらに、田中の話は続く。

「……後にいろいろ話題になりましたけど、僕は本当に港東ムースに感謝しています。賛否いろいろあることは知っています。僕みたいに感謝している人もいれば、そうじゃない人がいるのも知っています。でも、自分は本当に感謝していますね」

田中が口にした「いろいろ話題になった」「賛否いろいろある」とは次のようなことだ。

90年代半ばから後半にかけて、港東ムースのオーナーである野村沙知代はタレントとしての活動も始めていた。

歯に衣《きぬ》着せず、思ったことは何でも口にする「毒舌キャラ」として各メディアに引っ張りだこになる一方で、後に、「サッチー・ミッチー騒動」として話題になったのもこの頃のことだ。日本を代表する剣劇女優として戦前から活躍していた「ミッチー」こと浅香光代《あさかみつよ》と、「サッチー」こと野村沙知代による、とどまるところを知らない舌戦は連日、ワイドショーをにぎわせていた。須永が振り返る。

「ちょうどその騒動があった頃、僕らは港東の選手でした。やっぱり、自分のチームのオーナーがテレビで周りから叩《たた》かれているのはいい気分ではなかったです……」

この頃、過熱していた「サッチーバッシング」において、港東ムースもそのターゲットとなり、週刊誌を中心に、さまざまな暴露記事が掲載されることになった。以下、その見出しを列挙したい。（発売はすべて99年）

・横暴オーナーサッチーに少年野球父兄が怒りの提訴!?（週刊文春・5月20日号）
・少年が強要された〝裸の特訓〟
「ボクは野村沙知代のセクハラと暴力を告発します」（FRIDAY・6月25日号）

・少年野球チームでの横暴さに野村監督さえ怖けづいて――（女性自身・7月13日号）
・ついに側近中の側近が実名で告発
「〝裸の女王様〟野村沙知代のウソと少年セクハラの全て」（FRIDAY・7月23日号）
・「港東ムース」父母が〝恐怖〟で作った
サッチー接待マニュアル（女性セブン・9月2日号）
・「サッチー」今度は少年野球「金銭」疑惑（週刊新潮・10月21日号）
・「菓子折下に万札要求」
少年野球チームの父母14人が東京国税局へ怒りの脱税告発！（女性セブン・11月4日号）

もはや泥沼の様相を呈していた。

これらの記事によると、試合でミスをしたり、チームがふがいない敗戦を喫したりすると、沙知代オーナーの怒りは収まらず、ビンタを喰《く》らったり、パンツ一丁で道路に立たされたり、その格好のまま駅まで走らされたりすることになった。

こうしたさまざまな暴力とセクハラを保護者が訴えたというものだった。

また、沙知代が決めた高校以外は、少年自身やその家族がいくら希望しても、その高校への進学を許さずに進路妨害をしていたと訴える者もあった。「そこには、不当な金銭のやり取りがあったのでは？」と報じられていた。

本書の取材においても、匿名を条件にこんな発言をする者もいた。

「矢継ぎ早に何発もビンタを受けたこともありました。オーナーの手には大きな指輪がついているから、それが凶器となってすごく痛かったし、鼻血を出す者もいました。試合に負けたら、身体中に落書きをされて最寄りの田園調布駅までスラパン（スライディングパンツ）一丁で切符を買いに行かされる罰ゲームもありました。でもいちばん辛《つら》かったのは選手がミスをすると、その母親が叩かれたり、土下座をさせられたりすることでした」

さらに、別の者も匿名を条件に証言する。

「野村沙知代は〝子どもがダメなのは母親のせいだ〟っていう理論で、基本的には父親ではなく、〝母親の育て方が悪いからこんな子になるんだ〟みたいな考えなんです。僕は出来が悪かったので、親もいじめられていました。サッチーは、子どもの前でも平気で親にビンタしますから。そういうのも幼心にとても胸が痛かったです……」

完敗を喫した試合後のことだった。

ふがいない試合内容に、沙知代オーナーの怒りは収まらなかった。

「サッチーの怒りはハンパなくて、〝全員、自分のポジションに正座しろ〟って言われました。ちょうど大雨が降ってきたんですけど、それでもみんな正座していました。すると、それぞれの親がやってきて、自分の子どもを殴り始めました。〝お前の子どもの出来が悪いからだ。息子を殴ってこい〟ってサッチーに命じられたからです……」

これらの発言が事実だとするならば、もはや弁解の余地はない。

こうした記事が広まっては、新たな部員が集まるはずもない。

そして、決定打となったのは、この章の冒頭で紹介した沙知代オーナーの逮捕であった。第四章で紹介したように、実子であるケニー野村が著した『グッバイ・マミー』も逮捕を後押しすることとなり、港東ムースにとってはさらなる追い打ちとなった。

須永英輝の母・清美の述懐

先に紹介した須永英輝も、港東ムースを「円満卒団」していない。

沙知代オーナーが勧める高校への進学を拒んだ結果、中学3年秋の段階で港東ムースを退団することになったのだ。

「オーナーの勧める高校に行くことを拒否したら、基本的にみんなチームを辞めることになっていました。僕もそうでした。港東を辞めてから、改めて自分たちで進学先を探しました。僕たちの代はみんな自分の行きたい高校に行くことを選んだので、最後まで残ったのはたったの一人でした。港東にはすごくお世話になったし、今でも感謝しているんですけど、ちょっと後味の悪い終わり方だったので、〝気持ちよく終わることができなかったな……〟という悔いは、正直今でもありますね」

これもまた理不尽な仕打ちである。当時の須永少年の心境を考えると切なくなる。

しかし、当事者である須永の母・清美《きよみ》の感想は意外なものだった。

「いわゆる《サッチー騒動》のとき、港東の関係者からもいろいろな批判がありましたよね。それを見ていて私は、〝これだけお世話になっていて、よく表に出てこられるな〟って思っていました。毎週、多摩川のグラウンドで野球ができて、神宮の室内練習場も使えるんですよ。それなのに月謝は5000円でした。その金額であれだけの施設を自由に使えるわけがないんだから、沙知代オーナーたちの持ち出しだったと思うんです」

そして、こんなエピソードを披露する。

「中学生の頃、学校でふざけていて英輝が左手を骨折したんです。左投げなのに左手をケガしてしまったんですけど、ボールを握ることもできないから、せいぜいランニング程度しか練習ができないんです。ある試合のとき、沙知代さんに呼ばれました……」

母を前にして、沙知代は言った。

「大事な左手なんだから、ちゃんとした病院で診てもらった方がいいわよ。変な状態で骨がくっついたらもうおしまいよ。慶應病院にいい先生がいるので、私が紹介してあげるから一度きちんと診てもらいなさい」

神宮球場からほど近い慶應病院は日頃からヤクルトの選手が世話になっていた。

「それまでは近所の病院で診てもらっていたんですけど、沙知代さんのおかげで慶應病院を紹介してもらってスポーツ医学専門の先生に診てもらうことができました。そのことも、今でも感謝しています」

須永の母・清美は今でも沙知代から言われた言葉を大切にしているという。

「ムースの保護者会で、沙知代さんに〝自分のお腹を痛めて産んだ子どもなのよ。どんなことがあっても子どもを守れるのは、母親なのよ。父親じゃないのよ。だから、何があっても子どもを守りなさい。全身全霊で子どもに尽くしなさい〟と言われました。この言葉はとても印象に残っていますね」

港東ムースを途中で去ることになった一件について、母は振り返る。

「別に、沙知代さんから〝退団しなさい〟と命じられたわけじゃないんです。あの頃は、勧めてもらった高校に進学しない場合は、自発的にチームを去るという慣例でしたから、私たちの意思で辞めることを決めました。最後、さんざんお世話になった義理を果たせずにチームを去ってしまったことはずっと心残りです。申し訳ない気持ちでいっぱいです。英輝がプロに入ったときには、もうチームはなくなっていましたから、沙知代さんにお礼もしていません。それもまたずっと心残りですね……」

最後の最後まで、沙知代に対する感謝の思いは強かった。

14年の軌跡の果てに、港東ムース消滅……

一連の報道については、多少の誇張や煽情《せんじょう》的な表現が目立つにしても、疑いようのない事実なのだろう。一方では、須永の母親のような思いを抱いている者がいるのもまた事実だ。

息子・克則の受け皿としての側面を持ちつつ誕生した港東ムースだったが、息子が巣立ってからもなお、沙知代はこのチームに情熱を燃やしていた。

パワハラやセクハラ、不透明な金銭問題も取りざたされた。

意地悪な見方をすれば、このチームの存在が心理的、金銭的にメリットをもたらしていたのかもしれない。その一方で、好意的に解釈すれば、「青少年の健全な育成」という大義名分、使命感があったのかもしれない。「その両方じゃないですか?」と証言する者もいる。

沙知代とのトラブルが原因でチームを去ることになった団は言う。

「いろいろな問題はありましたけど、港東ムースというチームが彼女にとってのライフワークであったのは確かだと思います。少年たちを非行から救う、間違った道に行かせない、きちんとしつけを身につけさせるということは再三再四、口にしていました。〝子どもを育てる〟ということにプライオリティを置いていたのは間違いないです」

そして、こんなエピソードを披露してくれた。

「ある少年が親に逆らったり、不登校を繰り返したりしていました。いつも親に歯向かってくるから、お母さんがサッチーに相談したんです。そうしたらサッチーは、〝もしも、また学校に行かないことがあったら、私に電話しなさい〟って言ったそうです……」

その直後、この少年が学校に行かなかった。母はすぐに沙知代に電話をしたという。

「……電話を切るとすぐにサッチーは彼の家に向かいました。部屋をノックしてみると、〝うるせぇ、クソババア〟という声が聞こえた。それでもガンガン、ドアを叩いていたら、中から少年が出てきた。目の前にいるサッチーに驚く間もなく、バシンってひっぱたいて、〝いいから学校行け！〟と言ったら、すぐに学校に行き始めて、その日から不登校もなくなったそうです（笑）」

沙知代の自著『女は賢く　妻は可愛く』にもこのエピソードが登場する。

いま社会問題の一つになっている登校拒否も、学校のせいにしたり、国の教育制度や行政のせいにしたりする前に、親が自らを省みるべきではないでしょうか。親がおろおろとして、いろいろな施設に相談に行ったり、果ては子どもをカウンセリングに連れていったりしている姿を見るにつけ、事件が起きてからでは遅すぎると思うのです。

実は、私の「港東シニアリーグ」にも登校拒否の子どもがいました。その子は、私がぶっ叩いて説教した結果、学校に行くようになり、高校も卒業して、いまは大学生になりました。

港東ムースが誕生して6年目となった1993年、G.G.佐藤が在籍していた6期生は全国大会4連覇を実現した。前述したように、この年野村監督率いるヤクルトスワローズは悲願の日本一を達成した。すべてが順風満帆だったこの年の秋、沙知代はこの本を出版した。その「エピローグ」において、彼女はこんな言葉を残している。

少年野球を通して、子どもたちを育てながら、自分も燃焼させようと決意したのです。世間から見れば、ほんの小さな存在であろうこのチーム。そして私たち夫婦がやっていることも微々たることかもしれません。しかし、私たちにとっては、せめてもの人生の証しにと願っているのです。

団は言う。

「個人的にもサッチーとはいろいろありましたけど（苦笑）、彼女は彼女なりにいいこともたくさんしたと思います。ただ怖いだけではなくて、その背景には情熱もありましたから。チームにとっても、選手にとっても、《怖い存在》がいるというのはいい側面もあったんじゃないかと思います。ああいう事件がなければ、チームはまだあったかもしれないし、サッチーも最期までかかわっていたんじゃないのかなって思いますね」

2001年、「人生の証《あか》しにと願ってい」た港東ムースは解散を余儀なくされ、沙知代の身は司法の手に委《ゆだ》ねられることになった。

これを契機として、野村克也は阪神タイガースの監督職を自ら辞した。

昭和末期に誕生した港東ムースは21世紀の訪れとともにあっけなく消滅した。思春期を生きた多くの少年たちに、さまざまな思い出を残してチームはなくなった。

その後、後継チームとして東京青山《あおやま》シニアが誕生するが、沙知代とは無関係で運営されることになった。

紆余曲折《うよきょくせつ》にして毀誉褒貶《きよほうへん》、さまざまな出来事とともに駆け抜けた港東ムース。

このとき、その14年の歴史にピリオドが打たれたのだ――。

鉄道会社の車掌として、運転士として

堀越高校を卒業した田中洋平が選んだ新たな進路は大手鉄道会社だった。

「中学生の頃は、〝プロ野球選手になって親にラクをさせてあげたい〟と思っていました。高校でも野球を頑張ろうと考えていたけど、まさか自分が胃潰瘍《いかいよう》になって、血を吐くことになるとは思ってもいませんでした。そんな挫折《ざせつ》もあって、自分よりも野球が上手な人はごまんといることを知り、〝あ、オレはそこまでの選手じゃないな〟って理解しました。だから、その時点ですぐに考えを切り替えました。病気の母親はもう働くことはできないし、〝家計を支えるためにも、普通のサラリーマンになって真面目に働こう〟って考えたのが高校時代でした」

野球部の部長からは、「もしも本気で野球を続けたいのなら、大学に進むこともできるぞ」と言ってもらえた。軟式野球の選手として、ある企業からの求人もあった。

「でも、すべて断りました。推薦で大学に入れたとしても、やっぱり、それなりにお金はかか

るわけですから。だから、〝親の体調がよくないので働きます〟の一本で通しました。もう迷いは何もなかったですから」

中学時代に全日本チームのキャプテンを務め、レギュラーになれなかったとはいえ、甲子園にも出場した名門・堀越高校野球部で3年間努力し、汗を流した。野球部の部長から勧められたのは、大手鉄道会社だった。

「言葉は悪いかもしれないけど、当時の僕としては働ければどこでもよかったんです。卒業後は完全に野球を辞めて、社会人として働くつもりでいました」

こうして洋平は、入社試験を受けた。

無事に一次試験を通過し、二次面接を受けることになった。しかし洋平は「まったく受かるとは思っていなかったので」、面接対策をすることなく本番に臨んだ。

「面接ではしどろもどろでしたね（苦笑）。〝弊社の正式名称を知っていますか？〟とか、〝鉄道業以外でどんな事業をやっているかご存知ですか？〟とか、いろいろ聞かれるんだけど、直前まで野球漬けの日々だったのでまったく答えられない。〝では、弊社の社長の名前は？〟って質問のレベルを下げてくれたけど、それもわからない。本当にそんな感じでした……」

絶体絶命のピンチの中で、洋平を救ってくれたのは「野球」だった。

「……そんな状態だったんですけど、面接官が僕の履歴書を見て、〝あれ、堀越高校野球部なの?〟って気づいて、〝今年の夏、甲子園に行ったよね〟って、そこからの20分間はずっと、〝野球で学んだことは?〟とか、〝他の人とは違う経験は?〟って、結局野球とか、野村監督の話になったんです。このときは、〝何も答えられないから、野球の話をしてくれたんだろうな〟って考えていましたね」

そして、野球の話が功を奏したのか、洋平は無事に合格した。

1994年、大手鉄道会社に入社した。

実家から通うことを決め、再び母との共同生活が始まった。病状は小康状態を保っており、つかの間の平穏な日々が訪れていた。

初めに出札業務、いわゆる切符販売に従事した。その後、乗務員区所駅員となり、車掌を務めた。

ある朝のことだ。出社前の洋平に向かって母が尋ねる。

「今日は何時の電車に乗るの?」

普段はそんなことを尋ねられることはなかったが、この日は違った。洋平が答えると、母は「今日も頑張ってね」と言った。

出勤後、洋平はいつものように担当列車に乗り込み、車掌業務に励んでいた。

始発駅を出発し、20分ほど経過したときのことだ。安全確認をして、電車を出発させようとした瞬間、駅のホーム、自分のすぐ近くに母の姿を確認した。

発車する電車を見送り、その姿が見えなくなるまで見守ってくれていた。

まったくそんなそぶりなど見せていなかったのに、母は息子が仕事をしている姿を自分の目で確かめたかったのだ。帰宅後、洋平は母に言った。

「今日、来てたんだね。ビックリしたよ」

朝、洋平が出勤した後、母は急いで始発駅に向かったという。

ホームでは遠くから出発前の息子の晴れ姿を確認し、仕事の邪魔にならないようにそのまま電車に乗り、洋平の車内アナウンスを聞いていたのだ。そして、途中駅で降りた際に息子の近くに行き、自分の存在をそれとなく知らせたのだという。

息子の雄姿を、母はどんなに誇らしい思いで見守ったのだろう。女手一つで無事に育て上げた。立派に育った息子の晴れ姿は母にとって、何よりも嬉《うれ》しい出来事だったに違いない。

入社時は、高校時代に野球をやっていたこと、中学時代に野村克也の指導を受けていたことは隠し通していた。野球への未練はキッパリと断ち切っていたし、入社当時は少しだけ野球が嫌いになっていたからだ。

「自分は野球で社会人に進んだわけではないし、野球から離れたかったので隠していました」

仕事は楽しかった。すでに野球への未練も立ち消えていた。

テレビをつければ、「野村監督」がヤクルトスワローズの、あるいは阪神タイガースのユニフォーム姿で指揮を執っていた。まさか、沙知代オーナーがテレビタレントとしてゴールデンタイムのお茶の間に登場するとは思ってもいなかった。

井端弘和は、亜細亜大学を経て中日ドラゴンズのレギュラーとして華々しい活躍を続けていた。やはり、彼は並の選手ではなかった。自分たちの卒団後も、港東ムースはさらなる快進撃を続け、前人未到の4連覇を果たしたことも聞いていた。

かつてお世話になった人々、高校時代の親友の活躍はまぶしかったけれど、自分の日々の生活もまた充実していた。洋平の第二の人生は順調に過ぎていた。

入社から数年後、洋平は会社の軟式チームで再び野球を始めた。かつてのように勝負に徹する「辛く、厳しい野球」ではなく、「明るく、楽しい野球」は新鮮だった。

数年間は、プレーヤーとして活躍し、やがて持ち前のリーダーシップを買われて監督となった。若い選手たちに指導することもあった。

気がつけば、選手たちに理を以《も》って接する監督となっていた。尊敬する恩師と同じような指導者となっていることが自分でもおかしかった。

ある日、突然自宅の電話が鳴った。

「アンタ、テレビの収録があるから出なさい！」

それだけ言うと、電話はすぐに切れた。久しぶりに聞く懐かしい声だった。相手は自分の名前を名乗らなかったけれど、洋平はすぐに理解した。

（沙知代オーナーだ……）

感慨に浸る間もなく、すぐにテレビ局のスタッフから電話があり、「テレビに出てほしい」と依頼を受けた。洋平が当時を回顧する。

「高校を卒業するとき、僕は野球のことが嫌いになっていました。当時の港東のメンバーは卒業時に野村監督、沙知代さんにごあいさつに行ったようですけど、僕は行きませんでした。それでちょっと会いづらくなったというか、疎遠になってしまいました。その後、僕の実家は引っ越しています。港東時代とも、堀越時代とも電話番号が変わっていました。でも、沙知代さんは僕の勤務先を知って、会社に電話したみたいです。〝野村克也の妻だけど、そちらに田中洋平がいますよね？〟って。その勢いに負けて、僕の電話番号を教えたそうです。それで、久しぶりに電話がかかってきたんです。今ではありえない話ですけどね（笑）」

テレビ局スタッフからの電話によると、『ヒーローたちが泣いた日』という特番が作られることになり、「野村監督が泣いた日」ということで、洋平が卒団式で「感謝の手紙」を読み上げた場面を紹介することになったのだという。

「突然のことで驚いたけど、〝お世話になった野村監督のプラスになるのであれば〟という思いで、その依頼を引き受けました。それからテレビ局の人が来て、当時の思い出をしゃべりました。日本テレビのゴールデンでの番組だったので、反響は大きかったです。たくさんの人から、〝出てたな〟とか、〝見たよ〟って連絡をもらいました。でも、沙知代さんからはその後、何も連絡はなかったですけど（笑）」

野村の役に立てたこと、沙知代が自分のことを覚えていたこと――。

洋平にとっては、いずれもいい思い出として記憶に焼きついている。

最愛の母、そして恩師との永遠の別れ……

その日は突然訪れた――。

半ば覚悟していたことではあったが、闘病生活を送っていた母が逝った。

母のがんは肺に転移していた。医師が開胸してみると、まるで水しぶきのように肺の方々に病巣が広がっていたという。もはや、手の施しようがなかった。

医師からの言葉を受け、覚悟はできていた。

すぐに、肺での自発呼吸が不可能となった。痛みに耐えかねてモルヒネの投薬が始まった。

それ以降、すでに意識はなく、もはや会話を交わすことはできなくなっていた。

モルヒネ投与からおよそ1週間後、母は静かに天に召された。自分の目で看取《みと》ることができたことは、せめてもの救いだった。

「しばらくの間、喪失感はとても大きかったです。早くに夫を亡くし、若くしてがんを発症し、そこから女手一つで子ども二人を育て上げました。晩年はずっと闘病生活が続きました。〝母は本当に幸せだったのか？〟とか、〝母は人生を楽しめたのだろうか？〟と、しばらくの間、頭から離れませんでした……」

43歳のときに夫を亡くした。このとき、二人の子どもは13歳、そして8歳だった。

それから2年後、45歳で乳がんとなった。

それ以来、常に痛みとの闘いが続いた。やがて、長男は国家公務員となり、次男は大手鉄道会社の車掌、運転士となった。立派に二人の男の子を育て上げた。

母の人生は、二人の息子に捧《ささ》げた人生だった。

（母は本当に幸せだったのだろうか……）

しばらくの間、洋平の頭の中にはそんな疑問が渦巻いていた。母に対する感謝の思いは、死後、より一層強くなっていた。

＊

それから十数年が経ち、野村沙知代が天寿をまっとうした。

ニュースで知って、洋平はすぐに葬儀に駆けつけた。

さんざん怒鳴られ、手を上げられたこともあったが、沙知代の遺影を見た瞬間、洋平は強烈な感謝の思いと後悔の念に駆られたという。

「ニュースを聞いてすぐに駆けつけました。社会人としてまっとうに頑張れていることをお伝えしたいと思ったからです。かなり厳しい人でしたけど、愛情を持って育ててくれたのは間違いないと思います。だからこそ、高校を卒業してから疎遠になってしまっていたことを猛烈に悔やみました。理不尽な言動に腹が立つこともあったけれど、僕たちと真剣に向き合ってくれていたのは確かだし、何よりも野村監督の奥さんですから……」

尊敬する野村克也の妻であるのならば、理不尽なことでも我慢はできた。洋平の中にある野村への強い思慕の念が透けて見える発言だった。

さらに数年後、今度は野村が天に召された。

メディアに登場する野村が、見るたびに弱っていたことが気がかりだったが、ついにその日が訪れた。洋平は堀越高校のチームメイトだった井端弘和、港東ムースの1学年下で、堀越でもともに汗を流した野口晃生とともに田園調布の自宅に駆けつけた。

野村は静かに眠っていた。

亡骸《なきがら》に手を合わせ、これまでの感謝の思いをすべて伝えた。会社で若い社員たちの指導をする際に、気がつけば野村のような口ぶりで、理を以って説いている自分に気づいていた。野村の言葉を嚙《か》みしめる日々。野球だけではなく、人生の師であることを改めて意識していた。

今の自分を形成してくれたのは間違いなく野村であると再認識した瞬間だった。

実の父が亡くなって、すでに30年以上が経過していた。物心がつく前だったので、実父の記憶は朧気《おぼろげ》でしかなかった。

最愛の母も亡くしていた。沙知代もこの世を去り、そして「僕のお父さんのようだ」と慕っていた野村も鬼籍に入った。

今、自分がこうしてあるのは、さまざまな人に支えられていたからだということはよく理解していた。その中でも、思春期のひととき、ともに濃密な時間を過ごした野村克也の存在はひと際大きかった。

生前の野村は「財を遺《のこ》すは下、仕事を遺すは中、人を遺すは上とする」と語っていた。恩師はそのすべてを遺して天国へと旅立った。

野村は数々の「人」を遺した。その中には、間違いなく洋平の存在もあった。

野村が静かに息を引き取った。

それは、田中洋平にとって、港東ムースにまつわるすべての出来事、自身の若き日々の思い出にピリオドが打たれた瞬間となった。

(ありがとうございました、野村監督。このご恩は一生忘れません。立派な人間となって、必ず恩返しいたします……)

洋平の思いは、はたして野村に届いたのだろうか?

終章

港東ムースが遺したもの

G.G.佐藤を救った野村沙知代、野村克也の言葉

後に西武ライオンズに入団し、プロ野球選手として活躍したG.G.佐藤。現役引退後に父の経営する千葉県内の大手地盤調査会社トラバースに入社し、現在では従業員約200人を擁する組織の取締役副社長として、新規事業育成に日々奮闘している。

社内には野村克也から贈られた直筆の色紙が飾られている。

――念ずれば　花開く。

野村による筆文字が力強い。

「全国優勝したときの卒団式だから、平成5年12月ですね。《日本一記念》と書いてあるんですけど、野村監督が直接書いてくれて一人一人手渡されました。僕は大事に額に入れて、高校にも持っていきましたし、今でもこうして飾っています」

直接の指導は受けなかった。けれども、野村のことを師として尊敬する思いは常に抱き続けてきた。

「野村監督からは、〝我以外皆我師なり〟という言葉ももらいました。自分以外の人はみんな師匠だと思って、一度は意見を採り入れてみなさい。拒絶するのは簡単だけど、それを受け入

れるかどうかはお前次第だ。最初から殻を閉じることはやめなさい。そんなことを言われました。僕にとっての野村さんは《言葉の人》です。言葉の力は本当にすごいなと思います。だから僕も、子どもたちに発する言葉には責任が伴うと思っているので、安易で無責任な言葉はかけないようにしています」

2008（平成20）年北京オリンピック――。

G.G.は野球日本代表に追加招集され、その後、正式に代表入りを果たした。

しかし、北京では生涯忘れることのできない「痛恨のミス」を犯してしまった。慣れないレフトを任され、準決勝の韓国戦では3失点に絡む失策を、3位決定戦となるアメリカ戦でも3失点に絡むエラーを記録してしまった。

星野《ほしの》仙一《せんいち》監督率いる日本代表はメダルを逃すことになる。「戦犯はG.G.佐藤だ」と言われ、「エラー」を意味する「E」をもじって、「E.E.佐藤」と揶揄《やゆ》されることになった。一時は、「死にたい」と周囲に漏らすこともあったという。

「帰国後にも、いろいろ批判は受けました。しばらくの間はかなり引きずりました。すごく病んでいたんですけど、ある日のワイドショーでの沙知代さんの言葉に救われました」

当時、ワイドショーのコメンテーターとして活動していた野村沙知代は、北京オリンピックの話題の際に彼を擁護した。彼女が話したのはこんなことだった。

「この子、私の教え子なのよ、そんなに責めないでよ、守備は本当は上手なんだから」

G.G.の白い歯がこぼれる。

「あの言葉は本当に嬉《うれ》しかったですね。中学時代はさんざん厳しい言葉をかけられたし、ぶっ叩《たた》かれることもあったのに、まさか、沙知代さんからあんなに優しい言葉をかけてもらえるとは思わなかったですから（笑）。僕が港東にいたということを認識してくれているのも嬉しかったし、僕のことをフォローしてくれたのも嬉しかったし」

さらに、G.G.は野村からも北京の一件で優しい言葉をかけられている。

「亡くなる数日前に、テレビ番組の収録で野村監督とご一緒しました。お会いした瞬間、自分でも意外なことに涙が一気にあふれてきました。野村さんがいたからこそ、僕は高校でも大学でも野球を続けることができ、プロ野球選手にもなれたと思っています。そうした感謝の思いが、涙になって出てきたのでしょう。このとき、北京五輪の話題が出ました。野村監督は僕の目を見ながら、こんな言葉をかけてくれました……」

野村はG.G.に諭すように告げたという。

「エラーしたお前の勝ちや。北京オリンピックに出たメンバーで、誰が世の中の人の記憶に残っている？　お前と星野の二人だけや。名を残したお前の勝ちや……」

北京五輪からすでに11年半が経過していた。心の傷はかなり癒《い》えていたものの、このときの野村の言葉によって、G.G.は完全に救われた。

「野球は失敗のスポーツです。10回打席に立って3回ヒットを打てば一流打者と呼ばれます。つまり、7回の失敗が許されるスポーツです。ならば、その7回の失敗をどうやって次に生かすかが大切になります。また、失敗するというのは行動しているということの証明でもあります。バットを振れば三振も凡打もあるけど、バットを振らなければ絶対にヒットは生まれない。失敗を恐れて何も行動しなければ、何も結果は生まれない。北京でのエラーによって、心に深い傷を負ったのは事実だけど、野村監督の言葉によって、僕はようやく前向きな気持ちを取り戻し、〝過去の失敗を生かしつつ生きていこう〟と決意できるようになったんです」

G.G.佐藤の胸の内には今でも野村克也、沙知代の言葉が息づいていた。

改めて知る野村の思い——井端弘和の述懐

「どうしてあのとき、野村さんは僕にショート転向を勧めたのか、ずっと不思議だったんです……」

井端弘和が静かに切り出した。

「……僕が中日ドラゴンズに入団した頃、野村さんはヤクルトの監督でした。その後、阪神の監督時代も、交流戦で楽天と対戦するときも、何度もごあいさつには行ったけど、結局ずっとその理由を聞くことはなかったですね」

しみじみとつぶやいた後、何かを思い出したように井端は自身の携帯電話を取り出し、手慣れた操作で通話を始めた。

「あの、ちょっと聞きたいことがあるんですけど……」

数分のやり取りを経て、「あぁ、そうでしたか。ありがとうございます」と言って、井端は通話を終えた。

「野村さんと仲がよかった新聞記者に電話しました。彼が事情を知っていると聞いたのを思い出したので……」

野村と交流のあった新聞記者の説明を井端が教えてくれた。

「簡単に言えばピッチャーをやっていたときの打球への反応、打って走っているときのベースランニング……。こうした姿が、投手ではなく野手向きだったということらしいです。ピッチャーでもよかったのかもしれないけど、将来的に考えれば〝野手の方が面白い〟ということだったようです。《センス》というひと言でまとめちゃいけないのかもしれないけど、要はそういうことだったそうです（笑）」

中学進学時、「港東ムースに入るかどうか迷った」と井端は言った。改めて、「もしも中学時代に戻れるとしたら、どんな決断をしますか?」と尋ねる。

「もちろん、港東ムースに入りますね。直接、野村さんの教えを受けてみたかったし、高いレベルでプレーしてみたかったから」

何の迷いもない口調が印象的だった。

2022年、井端はU-12野球日本代表監督を務め、ワールドカップを指揮した。メダル獲得はならなかったが、彼が今、少年たちの指導に力を注いでいるのは野村の影響だという。

「野村さんがやってきたことは強く意識しています。僕が今、少年野球の指導をしているのは、野村さんが引退後に最初に監督となったのがそこだからです。やっぱり、ここをきちんと教えられれば、たぶんプロ野球の監督だってたいしたことない気がします。子どもたちを指導するということは、半端なく難しいです。ここで変なクセをつけてしまったら、高校でそれを取り去るのはすごく大変ですから。それはやっぱり、責任重大ですよ」

かつて、生前の野村が口にしていた「プロ野球の原点は、少年野球にあり」という言葉を、井端は今、身に沁《し》みて実感している。

心はいつも、港東ムースに――

野村克則がつぶやいた。

「港東でやっていた時期というのは、父といちばん濃い時間を過ごせたのかなぁと思いますね。父はそれまでほとんど家にいなかったので、この1年ぐらいの期間は本当に濃い時間だったんじゃないかなって……」

港東ムース1期生にして、実の息子でもある克則の述懐は続く。

「……港東ができる前、目黒西、目黒東リトルにいた頃は、友だちの保護者の方たちみたいに、父が試合の応援に来るということはありませんでした。授業参観日に来ることもほとんどなかったし、遊園地に連れていってもらったこともなかったです。シーズンオフの時期に、ちょっと家族旅行に行ったりはしていましたけど、せいぜいそのくらいでした。でも、港東ムースができてからの1年くらいの間はいつも父と一緒にいました」

克則が出版した『プロ失格　父と子、それは監督と選手だった』(日本文芸社)では、この当時について次のように振り返っている。

僕が幼少の頃、親父は多忙を極めて家を留守にしていることが多かった。それがいまは野球を通じて親父と同じ時間を共有できている。そのことが実感できるだけでうれしかった。

僕がプロに入ったあと、親父とはヤクルト、阪神、楽天と3球団で同じユニフォームを着ることができたが、いま振り返って考えてみると、そのときとは何かが違った。

プロ入りした時点で、すでに野村と克則は「父と子」ではなく、「監督と選手」という関係になっていた。純粋に「父と子」でいられたのは中学生の頃までだった。偉大な野球人として多忙なときを過ごしていた父との生涯唯一の濃密なひととき、それが克則にとっての港東ムース時代だったのだ。

＊

野村克也の港東ムース時代を尋ねていたとき、団野村がしみじみと言った。

「もしも、その後もチームが存続していたら、間違いなく監督は港東ムースの指揮を執っていたと思いますね。晩年、体調を崩していたときでさえ、車椅子に乗ってグラウンドに出ていたはずです。あの青いユニフォームを着て……」

阪神タイガースの監督退任後、野村は志太勤に乞《こ》われて社会人野球・シダックスの監督を務めた。その後、２００６年から09年にかけては東北楽天ゴールデンイーグルスの指揮を執った。それ以降、野村はグラウンドに戻ることはなかった。

しかし、団の言うように、この時点でも港東ムースが存続していれば、間違いなく野村は青いユニフォームを着て、再び少年たちの指導に励んだことだろう。団は言う。

「子どもたちに正しい野球を教えることに、監督は燃えていました。あの人は、生涯野球とは離れられない人ですから。港東の監督時代も燃えていました。夫婦で熱心に取り組んで、子どもたちに自分の考えを伝える。あの時代は、野村克也にとっての原点だったんじゃないでしょうか……」

そして、団は笑顔でつけ加える。

「……きっと、心はいつもムースにあったんじゃないのかな？」

心はいつも、港東ムースに――。

当時指導を受けた少年たちにとって、それは実に嬉しい言葉となるはずだ。

後にヤクルトの黄金時代を築くことになる「野村克也の原点」、それは港東ムースにあった。「名将前夜」となるこの時期、多感な少年たちと真摯《しんし》に向き合うことで、野村は多くのことを学んだはずだ。だからこそ、団の言うように、野村自身も「プロ野球の原点は、少年野球にあり」と口にしたのだろう。

港東ムースの1年8カ月は、野村が名将となるための揺籃《ようらん》期でもあったのだ。

＊

田中洋平は一社会人として、日々を懸命に生きている。

今でも、折に触れて野村と過ごした青春の日々を、野村から贈られた言葉の数々を思い出し、そのたびに心の奥が温かくなるような気がしている。やはり、これまでも、そしてこれからもずっと、「野村監督は僕のお父さんのよう」なのである。

長いインタビューの最後にこんな質問をした。

——小学6年生の頃に戻ったとしたら、再び港東ムースに入りますか？

答えを聞くまでもないと思いつつ、そんな言葉を投げかけると、洋平は満面の笑みを浮かべて、「もちろんです！」と力強く答えた。

その笑顔は、とても晴れやかだった——。

（了・文中敬称略）

おわりに

（実に難産だったなぁ……）

それが、本書を書き終えた際の率直な心境だった。これまで、30冊以上の自著を出版してきたけれど、今回ほど出版までの道のりが長く険しいことはなかった。

取材ノートを見ると、最初のインタビューは２０２０（令和2）年7月20日で、最後の取材は２０２２年11月12日となっている。

実は本書は、まったく別の内容となるはずだった。そして、本来であれば野村克也氏の三回忌となる22年2月に発売される予定だった。さらに、出版元もＫＡＤＯＫＡＷＡではなく、別の出版社から発売されることとなっていた。

なぜ、これだけの時間を要してしまったのか？　どうして、これほどまでに紆余曲折《うよきょくせつ》を経た末の難産となってしまったのか？

言い訳がましくなるのを承知の上で、少々おつき合いいただきたい。

本書は元々、「野村克也のアマチュア監督時代を描く」というコンセプトでスタートした。

作者である僕の発案ではなく、これまでに何冊も仕事をしてきた信頼できる編集者からの提案に、僕が乗ったことで始まったものだ。

たまたま、その編集者の同僚が港東ムース出身者だった。本書にも登場する3期生の平井祐二氏だ。彼が語る「ムース時代の野村監督」が実に面白く、これまで世間でもほとんど取り上げられることがなかったため、「ぜひ本にしましょう」という提案だった。

さらに、コンセプトを詰めていく中で、「ならば、阪神監督を退任後に監督を務めた社会人野球・シダックス時代も含めて、《アマチュア監督時代の野村克也》を描けばいいのではないだろうか」という方針が固まった。

この時点で、僕の頭の中には、『生涯一監督』というタイトルが浮かんでいた。もちろん、野村の座右の銘である「生涯一捕手」をもじったものだ。

すぐに取材者候補をリストアップし、シダックス、そして港東ムース関係者へのインタビューが始まった。編集者からは「野村監督の三回忌である22年2月に発売しましょう」と言われていたので、そこに照準を合わせて取材を進めていたのだ。

しかし、作者の怠惰もあって、締め切りを延ばしてもらうことになった。次の締め切りはプロ野球も始まる春先を目指すこととなった。

しかし、ここで思わぬ事態に見舞われる。

快調に原稿を書き進めていた頃、自宅に書籍小包が届いた。

それが、スポーツ報知の名物記者・加藤弘士《かとうひろし》氏のデビュー作となる『砂まみれの名将　野村克也の1140日』（新潮社）と題された一冊だった。作者の加藤さんとは交流があった。この本の担当編集者とも面識があった。だから、僕の手元に送られてきたのだろう。

開封してみて驚いた。かつて、野村の番記者として活躍していた加藤氏が、当時の取材エピソードをふんだんに盛り込みつつ、精力的に新規取材も重ねた「野村克也のシダックス監督時代」が克明に記録されていたからである。

僕は夢中で読了した。同時に、こんなことを考えた。

（これは困ったことになったな……）

本当に面白い本だった。この本に登場する人々については、僕も取材を終えていたので、彼らが語るコメントやエピソードについてはすでに聞いていたものが多かったが、それ以上に、当時の番記者だから知ることのできるエピソードが実に豊富で、同時に、その場にいた者だからこそ体感することのできる臨場感にあふれていた。

正直に言えば、（これは太刀打ちできないぞ……）というのが率直な感想だった。

こうして、僕らは軌道修正を余儀なくされることになったのだ。

その直後、担当編集者はKADOKAWAに転職する。

進めていた企画が宙ぶらりんになってしまうのではないかと危惧《きぐ》したものの、幸いにしてKADOKAWAサイドから、「うちで引き取ります」と言っていただき、元々出るはずだった出版社にも、快くその申し出を承諾してもらい事なきを得ることになった。

ここで、改めてリセットすることになった。

かなり書き進めていたけれど、一度すべてをボツとすることを決めた。そして、さんざん悩んだ末にシダックス時代のエピソードをすべてカットして、港東ムース時代に限定して物語を書き進めることにしたのだ。

貴重な時間を割いていただいた、多くのシダックス関係者のみなさまには合わせる顔もないけれど、すでに名作としての評価を得ていた『砂まみれの名将』の二番煎《にばんせん》じを世に問うわけにはいかなかった。「本当に申し訳ありません」と、改めてシダックス関係者のみなさまには平身低頭、お詫《わ》びを申し上げたい。

軌道修正をするにあたって、真っ先に頭に浮かんだのが「田中洋平」という少年のことだった。すでに消滅していた「港東ムース」を描く際のキーパーソンは彼しかいなかった。

過酷な現実にさらされながらも、健気《けなげ》に野球に取り組み、キャプテンとして仲間を引っ張った彼のことをきちんと描きたいと思った。

3期生の田中洋平氏を主人公に据え、彼の半生を描きつつ、波瀾《はらん》万丈の末に14年間の歴史に幕を閉じることになった港東ムースの興亡を描くこととしたのだ。

本書のために、田中氏には何度も時間をいただいた。取材を終えて帰宅する。改めて、彼の言葉をたどり、彼の中学時代を思い描くとき、不覚にも涙が滲《にじ》んだ。懸命に野球と向き合い、健気に生きてきた田中少年の姿は凜《りん》としていた。彼が見舞われた試練において、「野村克也」という人物の存在の大きさを何度も痛感した。

取材を通じて、僕は「田中洋平」という人物に魅了されていた。ならば、当時の田中氏の心境、生き様をきちんと描くことで、これまでとは異なる新たな「野村克也像」が描けるのではないか？　そんな思いでキーボードに向かい続けた。

こうして完成したのが本書である。

作者の狙い通りにまとめることができたのかどうかは読者の判断に委《ゆだ》ねるとして、ようやく肩の荷が下りたような爽快《そうかい》感に包まれている。

少しでも多くの方に、田中洋平という人物の奮闘を、そして野村克也という偉大な野球人の「名将前夜」を知ってもらえれば幸いである。

さて、ここまで読んでいただいた読者の方々に、そのお礼としてささやかなエピソードを最後に一つだけ紹介したい。

本書カバーにある「野村克也と田中洋平」の2ショット写真をご覧いただきたい。田中氏の晴れやかでいて、少しはにかんだ表情がすごく魅力的だったので、迷うことなくこの写真をカバーに使うことを決めた。本人がこの写真の撮影時を振り返ってくれた。

「この写真を撮るとき、横で沙知代さんがものすごく叫んでいたんです。〝顔がハッキリ見えるように、帽子を浅くかぶれ！〟とか、〝もっと笑え！〟とか。あまりにも強い口調だったので、内心ではへこんでいたんですけど、結果的にいい笑顔で、いい写真になってよかったです(笑)」

いかにも野村沙知代オーナーらしい挿話だった。

おかげで、それから30年以上もの時を経て、このすてきな一枚は、拙著のカバーとして活用させていただくことになった次第である。

また、本書完成までに多大な迷惑をかけることになった担当編集・本田《ほんだ》拓也《たくや》氏に改めて感謝の思いを伝えたい。あなたの粘り強い伴走がなければ本書は完成しなかった。新天地でのさらなる成功と幸せを祈念して、筆を擱《お》くこととしたい。

最後に、本書の印税の一部を、野球にまつわる社会貢献活動を展開しているＮＰＯ法人ベースボール・レジェンド・ファウンデーション（ＢＬＦ）に寄付することを決めた。これまでも、ＢＬＦの活動に対して微力ながらサポートをしてきたけれど、同会ではひとり親家庭などの球児へ新品の野球用具を寄贈する「ＤＲＥＡＭ　ＢＲＩＤＧＥ」プロジェクトも行っている。まさに、本書にふさわしい試みであり、野球が大好きな球児が、これからも野球を続けるための一助となれば幸いである。

２０２３年１月

長谷川《はせがわ》晶一《しょういち》

写真協力　東京中日スポーツ、田中洋平
ブックデザイン　出田　一（ＴｗｏＴｈｒｅｅ）

本書は書き下ろしです。

本書の印税の一部は、ＮＰＯ法人ベースボール・
レジェンド・ファウンデーション（ＢＬＦ）に寄付します。

長谷川晶一（はせがわ　しょういち）
1970年５月13日生まれ。早稲田大学商学部卒。出版社勤務を経て2003年にノンフィクションライターに。05年よりプロ野球12球団すべてのファンクラブに入会し続ける、世界でただひとりの「12球団ファンクラブ評論家Ⓡ」。著書に『いつも、気づけば神宮に　東京ヤクルトスワローズ「９つの系譜」』（集英社）、『詰むや、詰まざるや　森・西武 vs 野村・ヤクルトの２年間』（インプレス）、『生と性が交錯する街 新宿二丁目』（角川新書）、『基本は、真っ直ぐ――石川雅規42歳の肖像』（ベースボール・マガジン社）ほか多数。

名将《めいしよう》前《ぜん》夜《や》
生涯一監督《しようがいいちかんとく》・野村克也《のむらかつや》の原点《げんてん》

2023年３月１日　初版発行

著者／長《は》谷《せ》川《がわ》晶一《しよういち》

発行者／山下直久

発行／株式会社KADOKAWA
〒102-8177　東京都千代田区富士見2-13-3
電話　0570-002-301（ナビダイヤル）

印刷・製本／大日本印刷株式会社

●お問い合わせ
https://www.kadokawa.co.jp/（「お問い合わせ」へお進みください）
※内容によっては、お答えできない場合があります。
※サポートは日本国内のみとさせていただきます。
※Japanese text only

定価はカバーに表示してあります。

ISBN 978-4-04-113183-1　C0075